# YO
# SOY

# YO SOY

El Dios que
te transforma

## MIGUEL NÚÑEZ

**B&H**
PUBLISHING®
BRENTWOOD, TENNESSEE

Yo soy: El Dios que te transforma

Copyright © 2024 por Miguel Núñez
Todos los derechos reservados.
Derechos internacionales registrados.

B&H Publishing Group
Brentwood TN, 37027

Diseño de portada: Michah Kandros
Interior: shutterstock_1763410352
Foto contraportada: Ministerios Integridad y Sabiduría

Clasificación Decimal Dewey: 231.4
Clasifíquese: DIOS—ATRIBUTOS \ VIDA CRISTIANA\ MONOTEÍSMO

A menos que se indique de otra manera, las citas bíblicas marcadas
NBLA se tomaron de la Nueva Biblia de las Américas (NBLA),
Copyright © 2005 por The Lockman Foundation. Usadas con permiso.

ISBN: 978-1-0877-3923-6

Impreso en EE. UU.
1 2 3 4 5 * 27 26 25 24

# ÍNDICE

# CAPÍTULO 1

# INTRODUCCIÓN
## EN EL PRINCIPIO, DIOS

La mayor necesidad del ser humano y de la iglesia de Cristo es conocer el carácter de Dios. El eclipse espiritual que estamos experimentando es resultado de cuán lejos está la humanidad del Dios que le dio origen. El hombre se apartó de su Creador, y entonces su Creador se apartó de él. Esto explica el caos global que vemos en nuestros días, sin importar a que ámbito de la sociedad dirijamos nuestra atención: a nivel de las vidas individuales, de las familias, de la sociedad civil, de las instituciones, de los gobiernos o cualquier otra. Nada parece funcionar adecuadamente ya que un mundo sin Dios es un mundo sin orden. Dios creó el mundo y luego lo ordenó en seis días. Adán y Eva desobedecieron a su Creador y en un solo momento la creación se desordenó. Esa sola realidad nos deja ver lo esencial que es Dios para toda Su creación

El libro de Génesis se inicia de una manera sencilla, pero a la vez profunda: «En el principio, Dios» (Gn. 1:1). Esta frase es fundamental porque establece a Dios como el Creador Todopoderoso. Cuando Él habla, las cosas suceden. Él llama a las cosas que no son, como si fueran (Ro. 4:17). Él no solo creó lo visible e invisible, sino que también sostiene todo lo creado (He. 1:3). Él hizo los cielos y la tierra sin ninguna ayuda ni consejo (Is. 40:14) y, por ende, es el dueño del cielo y la tierra (Sal. 24:1). Todo lo anterior lo establece como soberano con derecho, autoridad y poder para hacer lo que quiera en su creación, según el consejo de Su propia voluntad (Ef. 1:11). Bien dice el salmista que «Nuestro Dios está en los cielos; Él hace lo que le place» (Sal. 115:3). Él no le rinde cuentas a nadie, pero todo el mundo le rendirá cuentas a Él (2 Co. 5:10). Dios es la plomada que endereza al hombre torcido. Es la brújula que le señala al hombre la dirección hacia la cual debe caminar. Es la roca sobre la cual tú puedes construir tu vida y toda una civilización. Sin Dios, la vida del hombre es un laberinto; un camino sin rumbo; todo su mundo está construido sobre arena movediza. Todo comienza y termina con Dios. Él es el principio de cada cosa y de cada vida.

Dios creó de la nada (*ex nihilo*). En otras palabras, Dios no creó a partir de materia preexistente; Dios habló y, como dijo, así fue hecho a partir de la nada como asevera el autor de la epístola a los Hebreos 11:3. Por tanto, Dios existía antes que cualquier otra cosa; nada le dio origen a Él, porque Él es eterno (Is. 40:28) ...sin principio ni fin. Él existía antes de que los tiempos comenzaran. Por tanto, Él no es afectado por el tiempo; Él no envejece. Por eso su nombre es YO SOY (Ex. 3:14). De hecho, para Él un día es como mil años y mil años como un día (2 P. 3:8). El salmista lo afirma también en 90:4: «Porque mil años ante Tus ojos son como el día de ayer que ya pasó, y como una vigilia de la noche». Si Dios existía antes de cualquier otra cosa, como ya dijimos, entonces Dios es autoexistente y autosuficiente. Él no depende de nadie ni de nada para Su existencia. Dios no tiene necesidades (Hch. 17:24-25) y al mismo tiempo es capaz de llenar la necesidad de todo ser humano.

¿Te das cuenta del impacto y de las implicaciones de las primeras palabras de la Biblia? «En el principio Dios creó los cielos y la tierra» (Gn. 1:1). Es decir, antes de que hubiera creación... ¡Dios! Antes de que el tiempo comenzara... ¡Dios! Antes de que existiera el espacio que contiene el universo... ¡Dios! Antes de que hubiera luz... ¡Dios! Desde la eternidad y hasta la eternidad, [Él es] Dios (Sal. 90:2).

La Biblia no empieza probando la existencia de Dios; más bien, Él asume que todo el mundo sabe que Él existe. De hecho, el apóstol

Pablo explica que todo ser humano tiene conocimiento de la existencia del Dios Creador:

> Pero lo que se conoce acerca de Dios es evidente dentro de ellos, pues Dios se lo hizo evidente. Porque desde la creación del mundo, Sus atributos invisibles, Su eterno poder y divinidad, se han visto con toda claridad, siendo entendidos por medio de lo creado, de manera que ellos no tienen excusa. (Ro. 1:19-20)

Dios se reveló al hombre en su conciencia como revela el versículo 19 que acabamos de leer y en la creación (1:20). La creación habla del Creador. Es lógico y racional que si vemos un universo que funciona en armonía, con astros que no colapsan unos con otros y con un diseño tan especial que requiere calibraciones de extrema precisión para que todo pueda funcionar perfectamente, esto constituye una evidencia ineludible para entender que detrás de todo lo que se ve, hay una inteligencia creadora a la que llamamos Dios. Pero si aún esto no fuera suficiente, Dios mismo ha revelado la evidencia de Su existencia a la conciencia del hombre y, por tanto, el hombre no tiene excusa para no creer que Él existe. Pero ¿cómo explicamos la incredulidad de tantas personas? La razón de su falta de fe no es la carencia de evidencias. El hombre no cree porque no le conviene creer. El hombre no cree porque prefiere vivir como si fuera autónomo, sin rendirle cuentas a nadie. Negar la existencia de Dios es dejar de pensar racionalmente. Todo ser humano conoce que existe un Dios, aunque lo niegue. Por eso dice Dios: «El necio ha dicho en su corazón: "No hay Dios"» (Sal. 14:1; 53:1).

## Creer para entender

Los apologistas o defensores de la fe a lo largo de la historia han presentado diferentes argumentos que prueban la existencia de Dios.

El primero se conoce como el *argumento cosmológico*. La existencia de un universo o cosmos apunta a la existencia de un Creador porque de la nada, ¡nada sale! El segundo se conoce como el *argumento teleológico*. La palabra *teleo* significa fin o propósito. Este argumento concluye que el estudio cuidadoso de la creación nos confirma que todo lo que existe tiene un propósito definido y, por esa razón, la creación puede funcionar armónicamente. El tercer argumento se conoce como el *argumento moral*. Los seres humanos tienen un sentido básico de lo bueno y de lo malo, lo que quiere decir que hay una ley moral escrita en sus corazones, y la existencia de ella habla en favor de un Dador de la ley moral.[1]

Aunque todos estos argumentos son excelentes, debemos entender que la mayor necesidad del ser humano no es entender estos argumentos, para luego creer en Dios. En la fe cristiana, tú no crees luego de entender. De ser así, los hombres de ciencia que estudian y entienden la complejidad de la creación serían los más devotos creyentes. El autor de Hebreos nos recuerda que el hombre necesita *creer para entender*, cuando escribió: «Por la fe entendemos que el universo fue preparado por la palabra de Dios, de modo que lo que se ve no fue hecho de cosas visibles» (He. 11:3). Tú crees y luego entiendes. Ninguna persona ha llegado a la fe por conocer y entender argumentos y razones. La salvación llega al hombre cuando pone su fe y confianza en Dios, en Su carácter, en Su revelación y en Jesucristo, a quien el Padre envió para darnos salvación por medio de Su muerte y Su resurrección.

Nada influencia o impacta la vida de la humanidad como el conocimiento de Dios. Tú podrás conocer y entender todas las ciencias, y aun así vivir vacío. Pero el conocimiento de Dios es transformador. Esa es la mayor necesidad de incrédulos y creyentes en esta generación y en cualquier otra. Mira las palabras del profeta Oseas: «Mi

---

1. Norman Geisler, God evidence for, en *Baker Encyclopedia of Christian Apologetics* (Grand Rapids: Baker Books, 1999), 276-83.

pueblo está siendo destruido porque no me conoce» (Os. 4:6, NTV). ¡Claro! Dios nos dio su ley para protección de aquellas cosas que terminarían con nuestra existencia.

Quizás te estés preguntando, ¿cómo puedo medir mi conocimiento de Dios? Dime cómo vives, y te diré cuánto conoces a Dios. Dime cómo piensas, y te diré cuánto conoces de Dios. Dime como adoras, y te diré cuanto conoces de Dios. No hay idea o concepto alguno en toda la Biblia —ni en el mundo entero— que pueda impactar la manera como vivimos, como lo hace el conocimiento de Dios. Como escribió A.W. Tozer: «Ninguna nación se puede levantar por encima de su concepto de Dios».[2]

Tu vida es un reflejo de cuánto conoces al Dios que te creó. Ahora la pregunta que debes hacerte es ¿qué clase de conocimiento necesitas tener? Porque una cosa es conocer acerca de Dios, y otra muy diferente es conocer a Dios. Cuando conoces acerca de Dios, tienes un conocimiento teológico y cerebral de Dios, algo que leíste en la Biblia o en algún libro de teología, o que escuchaste de alguien más. Pero el conocimiento que verdaderamente impacta la vida de un creyente es el conocimiento que ha bajado de la mente al corazón, hasta cambiar toda tu forma de vivir. A ese conocimiento lo he denominado *conocimiento experiencial o existencial* porque es algo que tú has experimentado y que ha afectado toda tu existencia.

## Entender para ser transformados

La razón por la cual vivimos un eclipse de Dios es porque muchos que se denominan cristianos en realidad no han conocido al Dios que se ha revelado desde la fundación del mundo. El conocimiento que dicen tener de Él ha hecho poca diferencia en la forma como ellos viven, trabajan, se divierten, aman y respetan la imagen de

---

2. A. W. Tozer, *A Set of the Sail* (Christian Publications), 38.

Dios en su prójimo. Se hace evidente que no han entendido que «en Él vivimos, nos movemos y existimos...» (Hch. 17:28). Así de cruciales son las implicaciones de la existencia y el conocimiento de Dios. Juan Calvino, al inicio de su famosa obra, *Institución de la Religión Cristiana*, afirma: «Por otro lado, es evidente que el hombre nunca alcanza un verdadero conocimiento de sí mismo, hasta haber contemplado previamente el rostro de Dios, y descienda después de tal contemplación para mirarse a sí mismo».[3] En otras palabras, primero necesitamos conocer a Dios, para luego poder vernos como realmente somos. Eso fue justamente lo que le sucedió al profeta Isaías cuando vio al Dios santo, alto y sublime, y luego se vio a sí mismo como un hombre profundamente pecador (Is. 6:1-5). Dios es la lupa que te permite ver lo invisible a simple vista. El lente de Dios magnifica y enfoca nuestra visión distorsionada del mundo para contemplar nuestra realidad interior y exterior. Todos nosotros tenemos expectativas irreales de la vida y de los demás, ideas erróneas acerca de Dios y de cómo debería obrar, y así llegamos a conclusiones distorsionadas de lo que juzgamos. Por eso, las cosas no son como nosotros las vemos, sino más bien como nosotros somos. Por tanto, necesitamos el lente de la Biblia para conocer a Dios como Él es, para ver la vida como Dios la ve, y para vernos a nosotros mismos y a los demás como realmente somos.

Si una persona conoce poco a Dios, no podrá vivir bien. Y si piensa que está en el camino del bien es porque «hay camino que al hombre le parece derecho, pero al final, es camino de muerte» (Pr. 14:12). Nuestra naturaleza caída mantiene nuestra mente oscura, sin luz, con un razonamiento distorsionado y una lógica terrenal finita y desenfocada. La mente del hombre que no conoce a Dios llega a conclusiones infantiles acerca de su existencia. Nos parecemos

---

3. Juan Calvino, *The Institutes of the Christian Religion*, Book 1, Chapter 1, «The Knowledge of God the Creator»; Edición Kindle, Loc 111 de 27623.

a estos niños que le escribieron estas cartas a Dios.[4] Uno de ellos decía: «Querido Dios, en vez de permitir que la gente muera para ser gente nueva, ¿porque no te quedas con los que ya tienes?», Jane. «Querido Dios, ¿es cierto que tú eres invisible o es solo un truco?», Lucy. «Querido Dios, gracias por mi hermanito. Pero lo que realmente te pedí fue un perrito», Joice. «Querido Dios, ¿tú quisiste hacer las jirafas así o fue un accidente?», Norma. «Querido Dios, yo fui a una boda en la iglesia y ellos se besaron ahí mismo en la iglesia. ¿Está bien eso?», Neil. Esta última carta es la mejor: «Querido Dios, seguro que es muy difícil para ti amar a todas las personas en el mundo. En mi familia hay solo cuatro personas, y nunca lo logro», Nan.

El conocimiento correcto de Dios nos pone en nuestro lugar, y coloca a Dios en un sitial que nadie más puede alcanzar ni ocupar. Cuando Adán y Eva pecaron, adquirieron una naturaleza pecadora que distorsionó la imagen de Dios en el ser humano hasta el día de hoy. Recuerda que Adán y Eva vivieron de una manera cuando tenían un conocimiento íntimo de Dios, y de otra manera muy diferente cuando comenzaron a conocer a Dios a través de la naturaleza pecadora que habían adquirido. De hecho, lo primero que Adán y Eva perdieron fue su habilidad de ver a Dios por lo que Él es. La serpiente les vendió la idea de que Dios no había sido completamente honesto y que al comer de la fruta podrían llegar a ser como Él. Tan pronto como la primera pareja cayó en el engaño de Satanás, su visión del carácter de Dios fue distorsionada y comenzaron a ver a Dios por lo que Él no es. Desde entonces, la humanidad ha ido distorsionando cada vez más el concepto de Dios con el paso de cada generación. Hace unos 200 años atrás, en la era de la iluminación, el mundo comenzó a pensar que Dios había creado todo, pero luego lo abandonó para que funcionara conforme a las leyes de la naturaleza. Estos

---

4. Hace un tiempo leí sobre las cartas de estos niños; pero hace tanto que ahora no recuerdo la fuente.

fueron, y siguen siendo, los deístas que no han abandonado la idea de que Dios existe, pero entienden que ese Dios carece de interés en lo que ocurre aquí debajo. De hecho, aún algunos creyentes han preguntado en más de una ocasión ¿tú crees que Dios se está preocupando de cosas como esas?

Eso representó una disminución masiva del concepto de Dios. Desde ese momento, muchos comenzaron a ver a Dios como una persona desconectada de los asuntos cotidianos, y, por consiguiente, como alguien indiferente e incapaz de intervenir en nuestras vidas. Asimismo, el hombre ha ido concibiendo a Dios cada vez menos santo, y, por consiguiente, ha comenzado a comportarse de una manera menos reverente, menos digna, menos piadosa y hasta más carnal. En su distorsión, ellos creen que un Dios que no es tan santo como la Biblia revela, es alguien a quien le importan poco mis pecados o las violaciones de su ley y, así, terminan abusando de la gracia.

## Transformados para glorificar a Dios

Para que Dios sea glorificado como Él merece, yo necesito un concepto de Dios alto, sublime y tres veces santo; de un Dios que se sintió tan ofendido por el pecado del hombre que clavó a Su Hijo en una cruz, antes de pasar por alto nuestros pecados. Yo necesito el concepto correcto de Dios para vivir a la altura del evangelio, y para vivir una vida que honre a mi Creador y Redentor. Una vida de obediencia continua necesita el concepto correcto sobre Dios. Cuando lo conoces como Él se ha revelado, comienzas a amarlo. Cuando lo amas por lo que Él es le obedeces naturalmente. Cristo enseñó: «El que tiene Mis mandamientos y los guarda, ese es el que me ama» (Jn. 14:21). Cuando le obedeces como Él quiere, empiezas a glorificarlo como Él merece. Pero todo comienza con el conocimiento de Dios.

Dios sabe cuán esencial es que nosotros lo conozcamos. El profeta Jeremías lo afirmó también, cuando escribió:

Así dice el Señor:
«No se gloríe el sabio de su sabiduría,
Ni se gloríe el poderoso de su poder,
Ni el rico se gloríe de su riqueza;
Pero si alguien se gloría, gloríese de esto:
De que me entiende y me conoce,
Pues Yo soy el Señor que hago misericordia,
Derecho y justicia en la tierra,
Porque en estas cosas me complazco», declara el Señor.
(Jer. 9:23-24)

La voluntad de Dios es que tú lo conozcas y le entiendas, porque tu conocimiento de Él afectará a toda tu existencia. El sentido de satisfacción con el que vives, en mayor o menor grado, dependerá de tu conocimiento de Dios. La manera como amas a tu prójimo dependerá de tu conocimiento de Dios. La manera como pastoreas a las ovejas del Señor dependerá de tu conocimiento de Dios. La manera como crías a tus hijos dependerá de tu conocimiento de Dios. La manera como ejerces tu profesión dependerá de tu conocimiento de Dios. La manera como eliges tus entretenimientos dependerá de tu conocimiento de Dios.

Cada uno de nosotros vive a la altura del conocimiento que tiene de Dios. Un hombre o una mujer piadosa conoce a su Dios y conoce Sus caminos. Cuando no lo conocemos es cuando la carne se entrega a sus deseos, sobre todo de manera prolongada. Nadie tiene el poder de controlar los impulsos de la carne. Lograr tal control, requiere la morada del Espíritu Santo en nosotros y un conocimiento cercano de Dios capaz de incendiar mi pasión por Él. Como consecuencia, ese conocimiento debilita mis pasiones de la carne.

Las primeras líneas del Génesis nos recuerdan la existencia indiscutible y transformadora del Dios creador, de Aquel que se ha revelado en la creación, en la conciencia del hombre, en la vida de Jesús y en la narrativa bíblica. Solo el conocimiento verdadero de Dios puede traer salvación, y solo el conocimiento íntimo de Dios puede traer transformación. Adán y Eva murieron espiritualmente tan pronto pecaron, y, como consecuencia de su transgresión, fueron expulsados de la presencia de Dios. Desde ese momento, ellos y sus descendientes necesitarían de «alguien» que les devolviera la vida. El mismo que les dio vida inicialmente, era el único con el poder y la autoridad para devolverla. Por otro lado, aquellos que hemos vivido «fuera del huerto» jamás hemos conocido a Dios de la manera como la primera pareja llegó a conocerlo originalmente. La imagen de ese Dios quedó manchada y, por consiguiente, desde entonces, nuestra capacidad para conocer a Dios y ver todo lo demás quedó profundamente afectada. Por tanto, la mayor necesidad del ser humano es conocer a Dios como venimos diciendo. Sin Dios, permanecemos muertos en delitos y pecados (Ef. 2:1), con la voluntad esclavizada al pecado (2 Ti. 2:25-26) y separados de Dios (Ef. 2:12).

Dado todo lo anterior, el Dios creador, pasó a ser también, el Dios redentor. Por eso Jesús afirmó: «Y esta es la vida eterna: que te conozcan a Ti, el único Dios verdadero, y a Jesucristo, a quien has enviado» (Jn. 17:3). En la plenitud de los tiempos, la segunda persona de la Trinidad se encarnó (Gá. 4:4) y se reveló como el camino, la verdad y la vida (Jn. 14:6). Como el camino de regreso al Padre, como la verdad que nos haría libres de la esclavitud del pecado y como la vida que se había perdido a partir de Génesis 3. La realidad es que, antes de que Dios comenzara a crear, lo único que tenía vida era nuestro Dios Trino, quien tiene vida en sí mismo y quien le dio existencia y vida a todo lo demás.

La Trinidad, Padre, Hijo y Espíritu Santo ha estado involucrada desde el mismo momento de la creación. En Génesis 1:2 se indica que «el Espíritu de Dios se movía sobre la superficie de las aguas», dejándonos ver a la tercera persona de la Trinidad y su participación en la creación. Si este versículo no fuera suficiente para probar la divinidad del Espíritu de Dios, en el Nuevo Testamento vemos que cuando Ananías y Safira mintieron a Pedro, este reprende a Ananías:

diciendo: «Ananías, ¿por qué ha llenado Satanás tu corazón para mentir al Espíritu Santo...?» (Hch. 5:3). Y luego acaba añadiendo: «No has mentido a los hombres sino a Dios» (Hch. 5:4).

Por otro lado, la Biblia revela que la segunda persona de la Trinidad, Jesús, fue el agente de la creación, como revela Juan en su evangelio: «En el principio ya existía el Verbo, y el Verbo estaba con Dios, y el Verbo era Dios. Él estaba en el principio con Dios. Todas las cosas fueron hechas por medio de Él, y sin Él nada de lo que ha sido hecho, fue hecho» (1:1-3). Es interesante que el libro del Génesis abra con la misma frase que inicia el evangelio de Juan. En el Génesis, la frase alude al comienzo de la creación por parte de Dios. Y Juan usa la frase para referirse a Jesús como la persona que estuvo presente desde el principio con Dios y que al mismo tiempo era Dios, para dejarnos ver que Dios formaba parte de la Trinidad que mencionamos más arriba y que además fue la persona a través de quien y para quien todo fue creado (Col. 1:16-17; Ro. 11:36). Ese mismo Jesús afirmó que Él vino a revelar al Padre (Jn. 14:8-14 y 17:25-26); pero también vino a darnos a conocer al Espíritu Santo (14:15-27 y 16:1-15).

¿Conoces al Dios que se ha revelado desde el principio de la creación? Si no lo conoces, necesitas llegar a conocerlo como explicamos más arriba porque, de lo contrario, al final de tus días pasarás a una eternidad profundamente dolorosa, separado de Dios y sin esperanza de poder cambiar esa realidad. Recordemos las palabras de Cristo: «El que **cree** en el Hijo tiene vida eterna; pero el que **no obedece** al Hijo no verá la vida, sino que la ira de Dios permanece sobre él» (Jn. 3:36, énfasis añadido). Nota el énfasis sobre la necesidad de vivir en obediencia, porque una vida de obediencia continua será la evidencia que verdaderamente conoces a Dios. Y si lo conoces, lo amas. Y si lo amas, le obedecerás.

# Capítulo 2

# Conocer a Dios es conocer Sus caminos

El verdadero conocimiento de Dios transforma la vida del creyente de manera extraordinaria. De hecho, tú puedes saber cuánto le conoces al observar cómo vives, como vimos en el capítulo anterior. Pero ¿cómo puedes llegar a conocer a Dios? Puedes conocerlo en la medida en que conoces Sus caminos. En otras palabras, tú no podrías decir que conoces la santidad de Dios porque Él nos dio en Su Palabra una definición de lo que es Su santidad, Su poder, Su soberanía, Su misericordia o Su gracia. Tampoco puedes afirmar conocerlo porque lo viste y en una conversación Él te reveló cómo era. Más bien, conocemos a Dios por la manera como Él juzga, perdona, cuida, sostiene, o por la manera como obra. A este obrar de Dios le llamamos, *los caminos de Dios*. Si conoces los caminos de Dios, entonces conocerás Su carácter. Esto es como el salmista lo reveló: «A Moisés dio a conocer Sus caminos, y a los israelitas Sus obras» (103:7, NBLA). Notemos ahora como la NTV, traduce ese versículo: «Dio a conocer su carácter a Moisés y sus obras al pueblo de Israel». Lo que la NBLA traduce los caminos de Dios, la NTV llama el carácter de Dios. Y de ahí el título de este capítulo. En él aprenderemos cinco características del carácter y de los caminos de Dios.

## Caminos de santidad

En Éxodo 32 se nos introduce a una de las escenas lamentables de la historia de Israel. Luego de haber sido liberados de la esclavitud en Egipto, el pueblo peregrinaba por el desierto, rumbo a la tierra prometida. Pero a pesar de haber visto el poder del Dios verdadero desplegado en milagros y hechos portentosos, el pueblo cayó en idolatría siendo guiados por el sacerdote Aarón, quien fabricó un becerro de oro con sus propias manos, usando el oro provisto por los mismos israelitas. Para que podamos comprender mejor la profundidad del pecado del pueblo y por qué Dios reaccionó como lo hizo, es importante conocer los detalles del incidente:

Entonces el SEÑOR dijo a Moisés: «Anda, sube de aquí, tú y el pueblo que has sacado de la tierra de Egipto, a la tierra de la cual juré a Abraham, a Isaac y a Jacob, diciendo: "A tu descendencia la daré". Enviaré un ángel delante de ti, y echaré fuera a los cananeos, a los amorreos, a los hititas, a los ferezeos, a los heveos y a los jebuseos. Sube a una tierra que mana leche y miel. Pues Yo no subiré en medio de ti, oh Israel, no sea que te destruya en el camino, porque eres un pueblo terco». Cuando el pueblo oyó esta mala noticia, hicieron duelo, y ninguno de ellos se puso sus joyas. Porque el SEÑOR había dicho a Moisés: «Dile a los israelitas: "Ustedes son un pueblo terco. Si por un momento Yo me presentara en medio de ustedes, los destruiría. Ahora pues, quítense sus joyas, para que Yo sepa qué he de hacer con ustedes"». A partir del monte Horeb los israelitas se despojaron de sus joyas. Moisés acostumbraba tomar la tienda, y la levantaba fuera del campamento a buena distancia de este, y la llamó la tienda de reunión. Y sucedía que todo el que buscaba al SEÑOR salía a la tienda de reunión, que estaba fuera del campamento. Cuando Moisés salía a la tienda, todo el pueblo se levantaba y permanecía de pie, cada uno a la entrada de su tienda, y seguía con la vista a Moisés hasta que él entraba en la tienda. También cuando Moisés entraba en la tienda, la columna de nube descendía y permanecía a la entrada de la tienda, y el SEÑOR hablaba con Moisés. Cuando todo el pueblo veía la columna de nube situada a la entrada de la tienda de reunión todos se levantaban y adoraban, cada cual a la entrada de su tienda. Y el SEÑOR acostumbraba hablar con Moisés cara a cara, como habla un hombre con su amigo. Cuando Moisés regresaba al campamento, su joven ayudante Josué, hijo de Nun, no se apartaba de la tienda. Entonces Moisés dijo al SEÑOR: «Mira, Tú me dices: "Haz subir a este pueblo". Pero Tú no me has declarado a quién enviarás conmigo. Además, has dicho: "Te he conocido por tu nombre, y también has hallado gracia ante Mis ojos". Ahora pues, si he hallado gracia ante Tus ojos, te ruego que me hagas conocer Tus caminos para que yo te conozca y halle gracia ante Tus ojos. Considera también que esta nación es Tu pueblo. Mi presencia irá contigo, y Yo te daré descanso», le contestó el SEÑOR. Entonces Moisés le dijo: «Si Tu presencia no va con nosotros, no nos hagas salir de aquí. ¿Pues en qué se conocerá que he hallado gracia ante Tus ojos, yo y Tu pueblo? ¿No es acaso en que Tú vayas con nosotros, para que nosotros, yo y Tu pueblo, nos distingamos de todos los demás pueblos que están sobre la superficie de la tierra?». Y el SEÑOR respondió a Moisés: «También haré esto que has hablado, por cuanto has hallado gracia ante Mis ojos y te he conocido por tu nombre». Entonces Moisés dijo: «Te ruego que me muestres Tu gloria». (Ex. 33:1-18)

Como resultado, Dios se enfureció con el pueblo, y sostuvo una conversación con Moisés donde le dijo: «*Sube a una tierra que mana leche y miel. Pues Yo no subiré en medio de ti, oh Israel, no sea que te destruya en el camino, porque eres un pueblo terco*» (v. 3). La santidad de Dios y la pecaminosidad de Su pueblo no son compatibles. Cuando Dios encuentra pecado, se aleja o lo destruye. Por eso Isaías se sintió destruido cuando se encontró con la santidad de Dios (Is. 6:5). Él único lugar donde la pecaminosidad del hombre y la santidad de Dios se encontraron fue en la cruz del Calvario; allí el pecado fue destruido, pero el peso de la ira de Dios casi destruye la naturaleza humana de Jesús hasta llevarlo a decir: «Dios Mío, Dios Mío, ¿por qué me has abandonado?» (Mt. 27:46).

En el relato que leímos, vemos cómo Dios había comenzado a distanciarse de Su propio pueblo debido a su pecado. Por eso en el v. 1 vemos que Dios no llamó al pueblo de Israel «mi pueblo» igual que lo había hecho antes. Más bien se refiere a ellos como el pueblo que tú, Moisés, sacaste de Egipto. El pecado resulta natural para personas caídas como nosotros; pero es altamente repulsivo para el Dios santo.

El Señor quería enseñarle a Su pueblo que Sus caminos son de santidad. Primero se lo enseñó a Moisés cuando lo llamó desde la zarza ardiente, diciéndole: «*Moisés, Moisés!... No te acerques aquí. Quítate las sandalias de los pies, porque el lugar donde estás parado es tierra santa*» (Ex. 3:4-5). Si Moisés iba a caminar con Dios, tendría que ser por caminos de santidad. Y eso es verdad para nosotros también hoy. No podemos pretender buscar la presencia de Dios y al mismo tiempo andar por caminos de pecado. Dios no revelará Su voluntad ni hablará a nuestra vida, a menos que caminemos en santidad. La dificultad que muchas veces tenemos para conocer y seguir la voluntad de Dios se debe a nuestro pecado. La santidad de vida es esencial para experimentar la intimidad con Dios.

En su libro, *Los caminos de Dios*, Henry Blackaby dice que «la santidad es un prerrequisito para que la adoración sea aceptable para Dios».[5] Y aún más, la santidad es la condición necesaria para estar en

---

5. Henry Blackaby, *The ways of God* (Nashville: B & H Publishing Group, 2023), Edición Kindle, pág. 65 de 292.

relación con Dios. Por eso, el primer significado de la palabra «santo» (*códesh*, de la raíz hebrea *cadásh*) es ser apartado para un propósito específico.[6] Por esta razón, Dios amenazó a Su pueblo con apartarse de él por la falta de santidad. Dios reveló a través del profeta Isaías cómo el pecado del pueblo lo separó de este hasta el punto de no escuchar sus oraciones a causa de su pecado (Is. 59:2). La santidad en la vida del creyente es la evidencia de la presencia manifiesta de Dios. Un pueblo santo reflejará la esencia del carácter de Dios. A esto fuimos llamados: a ser linaje escogido, real sacerdocio, nación santa y pueblo adquirido por Dios (1 P. 2:9). Pero lo contrario también es cierto. Cuando nuestras vidas reflejan poca o total falta de santidad, es un indicio de que no conocemos los caminos de Dios y, por consiguiente, andamos por nuestros propios caminos.

## Caminos de oración

Al ver el becerro de oro y la idolatría de Israel, Dios decidió enviar a un ángel delante para que expulsara a las tribus paganas, pues Él ya no iría con Su pueblo. Pero Moisés estaba atribulado por esta respuesta y prefería no moverse. Así que le dijo,: «Si Tu presencia no va con nosotros, no nos hagas salir de aquí» (Ex. 33:15). Moisés no solo estaba triste y atormentado, sino que en medio de su desesperación también oró. Él aprendió que los caminos de Dios son caminos de oración santa, y no de peticiones vanas (Stg. 4:2-3). Dios no responderá oraciones que no han sido hechas, y tampoco responderá oraciones hechas en desobediencia o con malas intenciones. La oración es vital para el pueblo de Dios. Nunca puedes cambiar el pasado; pero a través de la oración, Dios siempre puede cambiar la forma en que el pasado te está afectando en el presente. Y algo más: a través de la oración, Dios puede cambiar la forma en que viviremos en el futuro al haber aprendido del pasado.

---

6. Jeff Benner, *Ancient Hebrew Lexicon* (Virtualbookworm.com, 2005).

La actitud de Moisés podría parecer presuntuosa y arrogante al atreverse a cuestionar la decisión de Dios. Al fin y al cabo, un ángel debería haber sido más que suficiente después del terrible pecado del pueblo. Pero Moisés no lo veía de la misma manera. Él no estaba dispuesto a seguir a un ángel porque nunca había andado detrás de uno. Moisés quería la presencia de Dios, y solo eso iba a satisfacer su sed de Él. Aunque el ángel representaba la bendición y el respaldo de Dios en cierto sentido, la respuesta de Moisés nos permite ver que no estaba buscando una bendición. ¡Buscaba a Aquel que bendice! Ciertamente el ángel resolvería los problemas del pueblo y expulsaría a sus enemigos, pero era la presencia de Dios la que les daba seguridad, significado, propósito, gozo y fortaleza para perseverar. Ningún ángel tiene esa capacidad. La presencia del ángel, y no la de Dios, representaba una reducción significativa de lo que ellos habían experimentado hasta ese momento. Es probable que el pueblo se hubiera conformado con la provisión del ángel, así como también hoy muchos se conforman con buscar a Dios únicamente cuando tienen problemas. Sin embargo, Israel necesitaba aprender que los caminos de Dios no son simplemente para resolver problemas, sino para buscar una relación profunda y real con Él.

Si Dios resolviera todos nuestros problemas sin una relación íntima con Él, nos conformaríamos con tener la solución a nuestros problemas sin experimentar jamás la presencia manifiesta de Dios. La mejor evidencia de que Moisés no buscaba nada más que la presencia de Dios, son estas palabras: «Ahora pues, si he hallado gracia ante Tus ojos, te ruego que me hagas conocer Tus caminos para que yo te conozca y halle gracia ante Tus ojos» (Ex. 33:13). Moisés pudo haber dicho «Si he hallado gracia ante tus ojos, no me hagas dar tantas vueltas en el desierto» o «Si he hallado gracia ante tus ojos, llévanos pronto a la tierra prometida» o «No permitas que nos falte nada». Pero no fue así. Los asuntos triviales no formaron parte de la relación entre Moisés y Dios. La trivialidad es incompatible con la infinidad de nuestro Dios. Sus caminos no son de trivialidad, sino de intimidad con Él. No son de temporalidad, sino de eternidad. Si lo trivial y lo temporal te satisface, Dios no será tu satisfacción.

## Caminos de obediencia

Moisés decidió quedarse donde estaba y perecer allí, antes de dar un paso sin la compañía y dirección de Dios. Cuando la presencia manifiesta de Dios se ha ido, todo se ha perdido. En esas circunstancias, lo mejor que pudo salir de los labios de Moisés fueron estas palabras: «Te ruego que me hagas conocer Tus caminos para que yo te conozca y halle gracia ante Tus ojos» (Ex. 33:13). Moisés quería conocer los caminos de Dios, es decir, quería saber cómo es, cómo piensa, cómo guía, cómo obra, cómo orquesta la vida, qué le complace, qué le ofende y qué lo glorifica. Moisés tenía claro que si Dios no mostraba sus caminos, jamás podría conocerlo porque son sus caminos los que revelan como Él es. Además, Moisés quería servirlo mejor, y esto implicaba obedecerle. Lo que determina si Dios caminará delante de nosotros o no es nuestro nivel de obediencia a Su voluntad. La desobediencia del pueblo hizo que llegaran 40 años y más de 600 000 muertos más tarde a la tierra prometida. La desobediencia de Israel agotó la paciencia de Moisés, a tal punto que terminó pecando contra la santidad de Dios, y esto le costó su entrada a la tierra prometida como vemos en Números 20:1-13 y Deuteronomio 3:26 y 4:21. Dios no negocia nuestra obediencia. No da opciones ni plantea Sus mandatos como exámenes de selección múltiple, sino de selección única: obediencia o desobediencia. Conocer los caminos de Dios es esencial para la obediencia, y la obediencia es esencial para recibir Su bendición.

¿Notaste la relación entre conocer los caminos de Dios y hallar gracia ante Sus ojos? Fuera de los caminos de Dios no puedo encontrar Su gracia. El pueblo de Israel no encontró el poder de la gracia de Dios en la queja, ni mientras ellos tuvieron un corazón con deseos por las cosas de Egipto. Si la verdad fuera conocida, tendríamos que confesar que Dios tiene que obligarnos con frecuencia a seguir Sus caminos o siempre caminaríamos por el camino equivocado. No somos muy diferentes a Jonás.

Moisés sabía que Sus caminos no son los suyos (Is. 55:8) y Moisés estaba interesado en conocer los caminos de Dios para servirle mejor.

Moisés quería conocer los caminos de Dios porque deseaba conocer mejor a su Dios. Esta petición es impresionante cuando la leemos a la luz de la relación tan estrecha que ellos tenían. Si alguien llegó a conocer a Dios, ese fue Moisés. Dios le habló en el desierto, frente a la zarza ardiente, antes de cada una de las diez plagas en Egipto, al cruzar el Mar Rojo, en las aguas de Mara, en la peña de Horeb y en el monte Sinaí. Moisés habló cara a cara con Dios, y aun así le pidió que le enseñara Sus caminos porque quería conocerlo mejor. El deseo de Moisés era insaciable, y eso nos da una idea de por qué Dios lo miró con favor y lo bendijo. Ciertamente, la gracia divina es inmerecida, pero hay un papel que el hombre juega en el cultivo de la relación con Dios para encontrar Su gracia.

En la Biblia leemos constantemente sobre personas que agradaron al Señor y otras que le desagradaron. Pero si hay una cosa que agrada a Dios, es que lo conozcamos. Eso fue exactamente lo que Moisés pidió. El profeta Jeremías nos exhorta diciendo: «Si alguien se gloría, gloríese de esto: De que Me entiende y Me conoce» (Jer. 9:23-24). Sería bueno hacer una pausa y preguntarnos ¿cuándo fue la última vez que le pedimos a Dios que nos ayudara a conocerlo mejor? Por cada petición que le has hecho a Dios de conocerlo mejor, ¿cuántos miles de peticiones has hecho por otras cosas? Si caminamos y oramos como lo hizo Moisés, tal vez veríamos el mar abrirse ante nuestros ojos. Desafortunadamente, nuestra búsqueda de Dios está demasiado enfocada en la solución de problemas. Los problemas son permitidos por Dios para que, en medio de ellos, lo encuentres a Él. No podemos darnos el lujo de pasar por pruebas y tribulaciones sin terminar con una comprensión más profunda de nuestro Dios.

# Caminos de reposo

Cuando Moisés oró, lo hizo de una manera que nos deja ver algo sobre su relación con Dios y de la manera tan especial como Él lo bendijo. La respuesta divina mostró que ciertamente a Dios le agradó su petición. Veamos: «Considera también que esta nación es Tu pueblo. "Mi presencia irá contigo, y Yo te daré descanso", le contestó el Señor» (vv. 13b-14). Moisés también aprendió que los caminos de Dios son de reposo, porque Sus mandamientos no son gravosos. Jesús dijo: «Vengan a Mí todos los que están cansados y cargados, y Yo los haré descansar» (Mt. 11:28). Nuestro descanso físico puede ser mayor o menor según sea nuestra relación con Dios (Is. 40:29-31). Si eso es cierto acerca de nuestra fortaleza física, es mucho más cierto acerca de nuestra fortaleza espiritual.

Con mucha frecuencia, nuestro cansancio emocional o espiritual es el resultado de no andar en los caminos de Dios, de hacer las cosas en el poder de la carne o de hacer más de lo que Él nos ha ordenado. Considera dónde estás y los logros alcanzados hasta ahora, y luego pregúntate: ¿Estoy aquí como resultado de caminar con Dios o como resultado de caminar sin Su presencia? ¿Mi fatiga espiritual es el resultado de descansar en el Señor o de trabajar en el poder de la carne? Lee nuevamente las palabras de Moisés: «¿Pues en qué se conocerá que he hallado gracia ante Tus ojos, yo y Tu pueblo? ¿No es acaso en que Tú vayas con nosotros, para que nosotros, yo y Tu pueblo, nos distingamos de todos los demás pueblos que están sobre la superficie de la tierra?» (Ex. 33:16). Moisés sabía claramente cuál era la diferencia entre ser pueblo de Dios y no serlo: la presencia manifiesta de Dios. Esta es la respuesta a la pregunta de por qué algunos cristianos se parecen a los no cristianos, y por qué algunos cristianos andan atribulados por la vida: porque la presencia de Dios no está con ellos y, por ende, no encuentran descanso en Él. La salvación de Dios puede estar con ellos, pero no Su presencia manifiesta caracterizada por el fruto del Espíritu, como evidencia de la imagen de Cristo en ellos.

## Caminos de soberanía

Moisés no solo pidió conocer los caminos de Dios, sino que también dijo: «Te ruego que me muestres Tu gloria» (Ex 33:18). La gloria de Dios es la proyección de los atributos del Creador hacia su creación. En otras palabras, es la manifestación de quién Él es en los cielos, en la tierra y en la vida de los hombres. Así que Dios le respondió: «Yo haré pasar toda Mi bondad delante de ti, y proclamaré el nombre del Señor delante de ti. Tendré misericordia del que tendré misericordia, y tendré compasión de quien tendré compasión» (v. 19). Y luego añadió: «No puedes ver Mi rostro; porque nadie me puede ver, y vivir» (v. 20). La soberanía de Dios es lo que hace la distinción entre la misericordia para unos y la compasión para otros. Si queremos caminar con Dios, tenemos que entender que Sus caminos son de soberanía. Moisés había aprendido esa verdad cuando Dios lo llamó, pero él respondió que no podía servirlo porque nunca había sido elocuente. Así que Dios le dijo, «¿Quién ha hecho la boca al hombre? ¿O quién hace al hombre mudo o sordo, con vista o ciego? ¿No soy Yo, el Señor?» (Ex. 4:11). Ese día, Moisés entendió que, si quería caminar con Dios, tendría que dejar de cuestionarlo y descansar en Su soberanía. El ejemplo de Job es similar. Él reconoció la soberanía de Dios luego de hacerle una larga lista de preguntas que Dios nunca respondió. Pero cuando Él habló, le mostró Su eterno poder y dominio sobre todo y sobre todos. Fue entonces cuando Job entendió que Dios es soberano, y dejó de formular preguntas y no necesitó más respuestas.

La vida de Moisés siempre me ha llamado poderosamente la atención. Cuanto más la estudio, más me impresiona su intimidad con Dios, sus peticiones, sus resoluciones, su determinación de seguirle a cualquier costo, su paciencia, su liderazgo y su deseo incesante de saber más de Él. Pero después de ver de qué manera Moisés caminó con Dios, creo que es mucho más fácil entender la razón.

Vivimos en un mundo que ha eclipsado a Dios, y que en su necedad ha intentado ignorar la existencia de su Creador. Así también el pueblo de Israel se olvidó de Dios durante su peregrinaje por el desierto, y en su necedad se apartó de Él. A pesar de haber visto y experimentado la presencia manifiesta de Dios, ellos dejaron de buscarlo y conocerlo. Esto nos recuerda que el conocimiento de Dios no depende de los años que hayamos asistido a las reuniones de la iglesia ni de cuántos libros cristianos hayamos leído. Más bien, el conocimiento de Dios y de Sus caminos de santidad, la oración, la obediencia, el reposo y la soberanía dependen de cuán cercana e íntima sea nuestra relación con Él.

CAPÍTULO 3

# EL PUEBLO QUE CONOCE
# A SU DIOS

D*ime cuánto estás dispuesto a sacrificar por Dios, y te diré cuánto lo conoces.* El profeta Daniel afirmó esta misma verdad, pero con palabras distintas, cuando escribió: «El pueblo que conoce a su Dios se mostrará fuerte y actuará» (Dn. 11:32). Daniel estaba describiendo el periodo de tribulación por el cual pasaría Israel alrededor del año 167-168 a. C., cuando el rey Antíoco IV invadió el templo de Jerusalén y lo profanó ofreciendo un cerdo en el altar de Jehová. Dios le mostró a Daniel cuántas dificultades enfrentaría el pueblo y cómo muchos se apartarían de la fe. Pero también le hizo saber que a pesar de la persecución y martirio a manos de Antíoco, «el pueblo que conoce a su Dios se mostrará fuerte y actuará». Aunque Antíoco haría apostatar a muchos, engañándolos con sus halagos, también habría un grupo que se mostraría fuerte y actuaría según sus convicciones. La firmeza con la que estemos arraigados en Dios y su Palabra determinará nuestro comportamiento. Los cristianos necesitan convicción en la verdad del evangelio que los sostiene en momentos de debilidad, de indecisión o de incertidumbre, y que los fortalece cuando todo parece derrumbarse. Esa es la convicción que las nuevas generaciones no parecen tener, porque el «yo moderno», como le llama Carl Trueman en su más reciente publicación, exige la satisfacción de todos sus deseos y demandas.[7] El ciudadano de hoy carece de ideales y de espíritu de sacrificio en favor de una causa en particular.

Pero el profeta Daniel nos habla de un grupo de personas diferentes que habían llegado a conocer a Dios hasta el punto de estar dispuestos a pagar cualquier precio por causa de Su nombre. Rehusaron permanecer pasivos, inactivos, en el anonimato, de brazos cruzados y disfrutando de los placeres mundanos, mientras la sociedad ardía en llamas. ¿Cuál fue el secreto detrás de la determinación de ellos? El conocimiento que tenían de Dios. Porque el pueblo que conoce a su Dios vive diferente, piensa diferente, siente diferente, ve diferente, elige diferente, se esfuerza de manera diferente, negocia de forma diferente, trabaja diferente, decide de forma diferente, y tiene una moral diferente a la del resto del mundo. La persona que conoce a Dios no solo quiere saber de Su santidad, sino que también quiere ser santo. No solo quiere conocer un poco de Dios para sentirse mejor, sino que desea ser mejor hijo Suyo. No busca la gloria para salvarse del infierno, sino porque no hay nada más valioso. No busca obedecer para evitar las consecuencias del pecado, sino más bien porque ama a su Dios.

¡La persona que conoce a Dios es diferente porque su mente está en otro mundo! Tal como lo dijo C. S. Lewis en una ocasión:

> Los cristianos que más hicieron por este mundo presente, fueron precisamente aquellos que más pensaron en el próximo... Desde el momento que los cristianos comenzaron a pensar menos acerca del otro mundo, es cuando se volvieron más inefectivos para hacer una diferencia en este mundo... Apunta al cielo y recibirás la tierra por añadidura. Apunta a la tierra y no recibirás nada.[8]

---

7. Carl Trueman, *El origen y el triunfo del ego moderno: Amnesia cultural, Individualismo expresivo y el camino a la revolución sexual* (Nashville: B&H Español, 2022).
8. C. S. Lewis, *Mere Christianity* (David Harrison, 2023), Edición Kindle, pág. 119 de 193.

Cuando la iglesia se ha mostrado débil, pasiva o intimidada, ha sido precisamente por su falta de conocimiento de Dios y por apuntar a la tierra. Pero cuando la iglesia conoce a Dios, entonces tendrá la fe, la sabiduría, la determinación, la pasión, el discernimiento, la paz y la seguridad que tanto necesita para navegar por el mundo. El deseo de Dios es que tú le conozcas, y por eso le prometió a Su pueblo cambiarle el corazón de piedra por uno nuevo: «Les daré un corazón *para que me conozcan...*» (Jer. 24:7, cursivas añadidas). Dios quiere que tú le conozcas y te ha dado un corazón nuevo para que puedas hacerlo.

## La antesala del conocimiento de Dios

Entonces, ¿cómo podemos llegar a conocer a Dios? La antesala necesaria para el conocimiento de Dios es el arrepentimiento. Todos los que llegaron a conocerle comenzaron arrepintiéndose de su pecado. Isaías confesó ser un hombre de labios impuros (Is. 6:5-7). Habacuc dijo que se estremecieron sus entrañas y la podredumbre entró en sus huesos (Hab. 3:16). Job se arrepintió en polvo y ceniza (Job 42:6). Daniel admitió su pecado y el del pueblo (Dn. 9:5). El profeta Jeremías dijo que Dios nos ha dado un nuevo corazón para que lo conozcamos, pero también para que nos volvamos a Él (Jer. 24:7). Para conocer a Dios necesitamos un corazón arrepentido y entregado por completo a Él, pues un corazón que guarda ídolos que compiten contra Dios terminará derrumbándose y alejándose de Su presencia. Si tú eres hijo de Dios, entonces asegúrate de conocerlo como el Señor fuerte y poderoso —el *Shaddai*— capaz de hacernos resistir los ataques del enemigo por medio de la morada del Espíritu, y hacer tambalear las puertas del infierno. De ese grupo es que habla el profeta Daniel cuando escribió: «El pueblo que conoce a su Dios se mostrará fuerte y actuará» (Dn. 11:32). Notemos la relación entre conocer a Dios y la determinación de actuar. En otras palabras, el pueblo que conoce a su Dios no es un pueblo que se deja intimidar;

por eso se muestra fuerte. No es un pueblo pasivo; por eso actúa. No es un pueblo que se entretiene con las cosas pasajeras de este mundo, como si corriera tras el éxito o que renuncia a sus convicciones bíblicas por seguir las tendencias del mundo. No es un pueblo que persigue las coronas de la vida en la tierra, sino las que Dios ha ofrecido para quienes lo aman y lo buscan. El pueblo que conoce a Dios primero necesita reconocer su pecado y su necesidad de Él.

Algunos cristianos han llegado a reconocer que no tienen gran interés por las coronas que Dios les entregará al entrar en gloria. Si esa es tu manera de pensar, creo que estamos corriendo dos carreras distintas, con metas distintas, para un Dios distinto. En cambio, otros corren como viendo a Dios sentado en Su trono. Esos cristianos viven, se mueven y existen para Dios. Mientras tanto, el otro grupo tiene al yo en el trono: viven en su mundo, se mueven en su mundo y existen para expandir y disfrutar su propio mundo. Las cosas de esta vida los motivan más que las del mundo venidero. Si tú quieres caminar en pos de Dios y conocerlo de verdad, necesitas abrir tus ojos a esta importante realidad: ¿Quién está en el trono de tu vida? Oro por que tú seas parte del grupo de cristianos que conoce a Dios como quien hace palidecer todo lo que hay en el mundo ante el poder de Su majestad y la abundancia de Sus riquezas en gloria. Oro por que tú no pertenezcas al grupo de cristianos que piensan que por ir a la iglesia todos los domingos y escuchar los sermones ya han ganado el favor de Dios. Sin embargo, su vida de lunes a sábado no refleja en lo absoluto la verdad del evangelio que les ha sido predicada. Recientemente leí una ilustración que el pastor Tony Evans menciona en su libro *The Power of Knowing God* (El poder de conocer a Dios), donde decía:

En ocasiones, escuchamos a un niño de meses llorar y la madre rápidamente le da un chupete o pacificador (como se llama en inglés), y el niño se calma. Pero pasado el tiempo, su estómago y su cerebro se dan cuenta de que, aunque los labios están entretenidos con el chupete, no hay leche llegando al estómago. Así que vuelve a llorar porque tiene hambre. De la misma manera, muchos van a la iglesia semana tras semana para recibir un chupete o pacificador que tranquilice su corazón y su conciencia al escuchar un poco sobre Dios. Pero durante la semana, vuelven a tener hambre del propósito y del significado de la vida, vuelven a llorar y regresan a la iglesia para recibir otro «chupete santo». Para ellos es suficiente recibir un pacificador que calme sus conciencias. Pero otros, en cambio, acuden cada semana para recibir el alimento que satisface el alma. Esos son los que vienen domingo tras domingo con pasión por conocer más de Dios. Y conforme ese conocimiento aumenta, la persona también crece.

Esta ilustración nos conduce a una pregunta que sirve para evaluar nuestro corazón y poner a prueba nuestro deseo de conocer a Dios: ¿A qué vas los domingos a la reunión de la iglesia? ¿Vas en busca de un «chupete santo» que calme tu conciencia? ¿O vas con un corazón arrepentido y dispuesto a rendir en el altar de Dios todo aquello que te impide vivir una vida consagrada a Él? El conocimiento de Dios requiere arrepentimiento del pecado.

## La evidencia del conocimiento de Dios

Al estudiar la historia de la redención descubrimos las características de las personas que realmente conocieron a Dios. Mira la manera en que el autor de la epístola a los Hebreos describe a estos hombres de fe:

Por la fe Abel ofreció a Dios un mejor sacrificio que Caín, por lo cual alcanzó el testimonio de que era justo, dando Dios testimonio de sus ofrendas; y por la fe, estando muerto, todavía habla. Por la fe Enoc fue trasladado al cielo para que no viera muerte; y no fue hallado porque Dios lo trasladó; porque antes de ser trasladado recibió testimonio de haber agradado a Dios. Y sin fe es imposible agradar a Dios. Porque es necesario que el que se acerca a Dios crea que Él existe, y que recompensa a los que lo buscan. Por la fe Noé, siendo advertido por Dios acerca de cosas que aún no se veían, con temor reverente preparó un arca para la salvación de su casa, por la cual condenó al mundo, y llegó a ser heredero de la justicia que es según la fe. (He. 11:4-7)

Estos hombres caminaron por fe, obraron por fe, murieron en fe y obtuvieron la aprobación de Dios por su fe. El pueblo que conoce a su Dios es uno que vive por fe de lunes a domingo. Mira la vida de Abel, quien supo adorar a Dios de corazón, pero no así su hermano Caín. Así, cuando tú y yo adoramos a Dios de una manera el domingo, pero nos comportamos completamente diferente el resto de los días, estamos evidenciando el corazón de Caín. Mira la vida de Enoc, quien caminó y complació a Dios hasta que se lo llevó sin permitirle ver la muerte. Caminar hasta la iglesia o asistir a un estudio bíblico, o trabajar honestamente de lunes a viernes no es lo mismo que caminar con Dios. Caminar con Él implica complacerlo cuando hablas, cuando escuchas, cuando ves, cuando te diviertes y cuando restringes tu carne para Su gloria. Considera la vida de Noé, quien recibió la advertencia del diluvio y en respuesta temerosa y reverente obedeció a Dios, y halló gracia ante Sus ojos siendo rescatado él y su familia de la destrucción. Pero cuántas veces tú y yo actuamos en obediencia, con temor reverente, después de escuchar la instrucción y la amonestación de Dios. La evidencia de un pueblo que conoce a su Dios es una vida congruente con el carácter del Dios al que profesa conocer.

El ejemplo de Noé nos recuerda que nuestro conocimiento de Dios se manifiesta también en nuestra familia. La mejor garantía que los padres tienen del favor de Dios para con sus hijos es su vida santa delante de Él. Y lo opuesto también es verdad. Mira la vida de Elí, quien no hizo lo correcto delante de Dios y sus hijos pagaron las consecuencias (1 S. 2:12-36). Recuerda el ejemplo de Aarón, quien corrompió la adoración de Dios al fabricar un becerro de oro y después sus dos hijos contaminaron la adoración del mismo Dios, y murieron carbonizados (Ex. 32; Lv. 10:1-10). Tampoco David hizo lo correcto delante de Dios, y sus hijos pagaron las consecuencias (2 S. 11-18). Pero Noé sí halló gracias ante Sus ojos y sus hijos también. Dios hizo promesas a Abraham, Isaac y Jacob, y Sus bendiciones se extendieron por generaciones.

## La suficiencia del conocimiento de Dios

El autor de Hebreos continúa diciendo:

> Por la fe Abraham, al ser llamado, obedeció, saliendo para un lugar que había de recibir como herencia; y salió sin saber adónde iba. Por la fe habitó como extranjero en la tierra de la promesa como en tierra extraña, viviendo en tiendas como Isaac y Jacob, coherederos de la misma promesa, porque esperaba la ciudad que tiene cimientos, cuyo arquitecto y constructor es Dios... Por la fe Abraham, cuando fue probado, ofreció a Isaac; y el que había recibido las promesas ofrecía a su único hijo. Fue a él a quien se le dijo: «En Isaac te será llamada descendencia». Él consideró que Dios era poderoso para levantar aun de entre los muertos, de donde también, en sentido figurado, lo volvió a recibir. (He. 11:8-10,17-19)

La Biblia nos ofrece amplia evidencia de que el pueblo que conoce a Dios no pone su seguridad y satisfacción en lo conocido y familiar, como en su lugar de origen o la presencia de su familia, sino en el llamado y en las promesas de Dios. El hombre que conoce a Dios no se aferra al lugar donde vive o trabaja, de modo que está dispuesto y listo para obedecer el llamado divino. Sus raíces están cimentadas en el corazón de Dios, y se traslada donde late o lo impulsa Su corazón. Ese es un hombre que no necesita garantías terrenales para ir donde Dios lo envía, porque le basta con la garantía divina. Por eso Abraham se atrevió a salir de su tierra, sin saber dónde iba, pero conociendo a Aquel que lo llevaba. Lo más importante para el hombre o la mujer que conoce a Dios no es a dónde va, sino quién lo lleva. El pueblo que le conoce está siempre presto a abandonar todo lo que ha hecho y lo que ha edificado, porque ha perdido su interés por lo que el hombre es capaz de construir. Este pueblo siente como Abraham, quien salió sin saber dónde iba «porque esperaba la ciudad que tiene cimientos, cuyo arquitecto y constructor es Dios» (He. 11:10).

Cuando leemos la historia de Abraham, vemos que Dios le pidió que sacrificara a su único hijo a quién amaba profundamente. Y sin cuestionarlo, Abraham estuvo dispuesto a colocar a su hijo sobre el altar del sacrificio para presentar su vida como ofrenda. Con su obediencia, Abraham puso en evidencia que conocía a Dios lo suficiente como para no negarle a la persona a quien más amaba. Con el paso del tiempo, he llegado a la conclusión de que Dios muestra quién es (y quién no es) un verdadero hijo Suyo, por las cosas que está dispuesto a dejar a un lado. Dios comenzó pidiéndole a Abraham que abandonara la tierra donde habitaba. Así que Abraham salió de Ur de los Caldeos sin tener claro hacia dónde iba (Gn. 12:1-9). Luego, Dios le demandó que dejara de mentir al decir que Sara era su hermana y no su esposa (Gn. 12:10-20). Abraham no podía seguir con ese patrón de vida y llamarse hijo de Dios. Y, finalmente, le solicitó que sacrificara a su hijo, a quien amaba (Gn. 22). Lo que no estoy dispuesto a dejar por amor a Cristo me descalifica para ser Su discípulo. Por eso Jesús advirtió: «El que ama al padre o a la madre más que a Mí, no es digno de Mí; y el que ama al hijo o a la hija más que a Mí, no es digno de Mí» (Mt. 10:37). Nosotros sabemos que conocemos a Dios cuando nuestra suficiencia está en Su carácter y Su fidelidad, no en lo que este mundo ofrece. El pueblo que conoce a su Dios está dispuesto a abandonar las cosas que más ama, sabiendo que sin duda será doloroso. Pero créeme, ese dolor nunca será mayor que el de la cruz.

Dios merece nuestro primer amor. Todo aquello que compite con Él se considera un ídolo o un amante, como lo ejemplificó numerosas veces a la nación de Israel. Quizás haya cosas en tu vida con las que estás luchando, sabiendo que tienes que dejarlas, pero no lo has hecho por temor. Lo que tú necesitas no es más garantía ni más seguridad, ni más evidencias. Lo que tú precisas para obedecer a Dios es conocerle mejor, porque entonces descubrirás que Él es suficiente. El hombre que conoce a su Dios pierde todo interés en construir su propio reino, y desarrolla el deseo profundo de construir Su reino. Nuestros anhelos demostrarán si conocemos a Dios o no. Abraham no temió perder su tierra ni su parentela, ni siquiera a su único hijo, porque quien conoce a su Dios encuentra su suficiencia y su plenitud en Él.

## La supremacía del conocimiento de Dios

> Por la fe Moisés, cuando ya era grande, rehusó ser llamado hijo de la hija de Faraón, escogiendo más bien ser maltratado con el pueblo de Dios, que gozar de los placeres temporales del pecado. Consideró como mayores riquezas el oprobio de Cristo que los tesoros de Egipto, porque tenía la mirada puesta en la recompensa. Por la fe Moisés salió de Egipto sin temer la ira del rey, porque se mantuvo firme como viendo al Invisible. (He. 11:24-27)

Moisés manifestó que conocía al Dios de los cielos cuando entendió que Él es supremo sobre todo y sobre todos. Fue así como decidió dejar atrás Egipto, con todas sus implicaciones: rehusó llamarse hijo de la hija de faraón, heredero de la corona, el príncipe que tenía a mano todos los placeres del mundo. Pero nada tenía tanto valor como Dios. Por eso Cristo nos pide que dejemos atrás aquellas cosas que amamos y que compiten con Él, para probar que somos sus discípulos. Al joven rico le pidió que vendiera todo lo que poseía (Mr. 10:17-30). Al hombre que quería despedirse de los de [su] casa antes de seguirlo, le dijo: «Nadie que después de poner la mano en el arado mira atrás, es apto para el reino de Dios» (Lc. 9:61-62). Nadie que quiera regresar para vivir estilos de vida propios del inconverso es digno de entrar en el reino de los cielos. Moisés salió de Egipto, y consideró como «mayores riquezas el oprobio de Cristo que los tesoros de Egipto», porque había entendido la supremacía de Cristo.

El apóstol Pablo nos recuerda esta misma verdad cuando escribió: «Pero todo lo que para mí era ganancia, lo he estimado como pérdida por amor de Cristo» (Fil. 3:7). La palabra traducida «pérdida» (v. 8) proviene del griego *skúbalon,* que significa basura, desecho, carne descompuesta (como la de un cadáver), desperdicio (como el que se les tira a los perros), y una traducción muy apropiada según los expertos en el idioma sería «excremento humano». Así consideró Pablo todo lo que antes tuvo mucho valor para él. El pueblo que conoce a su Dios entiende la supremacía de Cristo, y sus valores cambian radicalmente.

Piensa por un momento cómo puedes medir el valor de alguien que llena el infinito, que ha existido siempre, que nunca ha tenido dudas porque lo sabe todo, incluso antes de preguntar. Conocer a ese Dios hace que todo lo demás pierda su importancia, su brillo y su atractivo. El hombre que conoce a Dios prefiere privarse de ciertas cosas antes que vivir tan saciado que ya no tenga hambre de Dios en su corazón (2 Co. 12:9-10). Con ese pueblo Dios se complace, lo bendice y lo usa. De ellos habla el libro de Apocalipsis cuando se refiere a un grupo de personas que sale victoriosa de la tribulación, porque «no amaron sus vidas, llegando hasta sufrir la muerte» (Ap. 12:11). Ellas amaron tanto la vida venidera que perdieron interés por la terrenal. No tuvieron temor porque entendieron que lo peor que les podía pasar era la muerte. Sin embargo, al morir, su mejor vida no habría terminado; ¡apenas habría comenzado!

Cuando un pueblo conoce a su Dios, el celo de las Escrituras lo consume; Sus promesas lo sostienen; Sus propósitos le animan; Su verdad lo santifica y Su causa lo impulsa.

# CAPÍTULO 4

# EL DIOS QUE NO NEGOCIA SU SANTIDAD

Dios es un ser infinito, eterno, santo, de sabiduría inescrutable. Por lo tanto, estudiarlo para comprenderlo por completo es una tarea imposible de lograr. Sin embargo, Dios mismo, a través de Su profeta, nos exhorta diciendo que, si vamos a gloriarnos en algo, que sea en esto: *que le entendemos y le conocemos* (Jer. 9:24). Uno de los mayores peligros que enfrentaremos en la búsqueda del conocimiento de Dios es reducirlo a una divinidad manejable a quien poder manipular y engañar. Este ha sido precisamente uno de los tropiezos mayores de la iglesia evangélica de nuestros días: la trivialización de Dios y, en muchos casos, la trivialización de un Dios al que ni siquiera conoce en realidad. El otro peligro es que lleguemos a creer que cumplir con las responsabilidades de la vida cristiana y vivir en comunión con Dios son la misma cosa. Algunos consideran el cumplimiento con las actividades de la iglesia como vemos el pago de nuestros impuestos, creyendo que siempre y cuando los paguemos, no tendremos problemas con el departamento recaudador del gobierno. Aquellos que lo ven así, asumen las actividades de la iglesia, en esencia, como para cumplir con Dios y no tener problemas con Él.

Ese es el Dios de esta generación, ¡pero no es ni la sombra del Dios que se ha revelado en la Biblia!

En su deseo de ayudarnos a conocer a Dios, los teólogos han dividido los atributos divinos en dos categorías. Los atributos morales y comunicables que describen la pureza moral de Su ser. Bajo esta categoría encontramos Su santidad, Su carácter justo, Su amor, Su gracia, Su misericordia, Su benevolencia, Su bondad, Su celo y Su ira. Estos atributos se han denominado comunicables porque, de una u otra manera, Dios ha comunicado algo de ellos a Sus criaturas. Por ejemplo, Dios nos ha comunicado Su amor y, por eso, ahora nosotros podemos amar. El segundo grupo de atributos son los no morales e incomunicables. Estos describen cualidades propias de Dios, pero no relacionadas con Su carácter moral. Bajo esta categoría encontramos Su omnisciencia, Su omnipresencia, Su omnipotencia, Su eternidad, Su sabiduría, Su infinitud, entre otras. Estos atributos no pueden ser transferidos a las criaturas, y por eso se denominan no comunicables.

Algunos teólogos han definido los atributos de Dios como Sus excelencias o perfecciones, y con razón. En este capítulo estudiaremos el que encabeza la lista de todos ellos: Su santidad, considerada por J. I. Packer y otros teólogos del pasado como el atributo de los atributos. La santidad de Dios describe la esencia de Su carácter, la hermosura de Su ser y la armonía de todas Sus perfecciones. El salmista nos anima a adorar a Dios en la hermosura de Su santidad (Sal 96:9, RVR 1960). El original habla del esplendor de Su santidad.

Este es el atributo que define o enmarca a todos los demás. En la Biblia, Dios es llamado «santo, santo, santo», tanto en el Antiguo Testamento como en el Nuevo (Is. 6:3; Ap. 4:8). Es una triple repetición enfática que no se observa con ningún otro atributo. El puritano Stephen Charnock, en su obra clásica *La Existencia y los Atributos de Dios*, explica que sin la santidad de Dios «Su paciencia sería una indulgencia para pecar, Su misericordia sería como un cariño, Su ira sería una locura, Su poder una tiranía y Su sabiduría una astucia indigna».[9]

---

9. Steven Charnock, *The Existence and Attributes of God, Updated and Unabridged* (Wheaton: Crossway, 2022), Edición Kindle, pág. 1284 de 2191.

La santidad de Dios es el atributo que la humanidad rechaza, porque este es la causa de los juicios de Dios sobre las iniquidades de los hombres. Desde el principio, y en formas diferentes, Dios ha enfatizado Su santidad porque es el atributo que mejor lo separa del resto de la creación. De hecho, esto se puede ver en el significado de la palabra misma. En el hebreo, dos palabras se traducen «santo»: una es *códesh,* que significa «separado». En Su naturaleza, Dios es un ser separado de todo lo demás. Es único en Su clase y sin igual. Ya habíamos hecho alusión a esta idea en un capítulo anterior. La otra palabra hebrea traducida como «santo» es *cadósh,* que significa «sagrado». A la luz de estas dos palabras concluimos que Dios es un ser sagrado o moralmente puro en Su esencia, y separado de todo lo demás en Su existencia.

## Un fuego extraño

La santidad de Dios es el atributo con el que tú y yo no podemos jugar porque, de hacerlo, nos puede costar caro. La santidad de Dios es lo que hace que reaccione con rechazo extremo a todo lo pecaminoso. Él detesta, odia y aborrece todo lo que no es santo. La santidad de Dios explica la expulsión de Adán y Eva del Jardín del Edén el día que contaminaron lo que representaba la morada de Dios en la tierra. Al ser consagrado para ser morada de Dios, se podría decir que era el único lugar sagrado en todo el planeta.[10] La santidad de Dios explica la muerte cruel de Su Hijo en una cruz, el día que Jesús decidió cargar con tu pecado y el mío, y también explica el sufrimiento eterno en el infierno de aquellos que terminan allí.

Mucho de todo lo dicho se aprecia mejor si vemos la interacción de la santidad de Dios con la pecaminosidad del hombre. Para esto, quiero invitarte a que nos acerquemos a un relato del libro

---

10. L. Michael Morales, *Who Shall Ascend the Mountain of the Lord? NSBT* (Downers Grove: IVP, 2015), 143.

de Levítico. En el contexto inmediato del pasaje que estudiaremos encontramos la consagración de Aarón y sus hijos al sacerdocio (Lv. 8). También leemos sobre la inauguración del tabernáculo tan gloriosa que Dios hizo llover fuego del cielo para encender el altar de bronce que estaba en los atrios, y todo el pueblo se postró en temor y reverencia (Lv. 9). Según algunos estudiosos, en ese mismo día ocurrió lo que encontramos en Levítico 10:1-7

> Pero Nadab y Abiú, hijos de Aarón, tomaron sus respectivos incensarios, y después de poner fuego en ellos y echar incienso sobre él, ofrecieron delante del SEÑOR fuego extraño, que Él no les había ordenado. Y de la presencia del SEÑOR salió fuego que los consumió, y murieron delante del SEÑOR. Entonces Moisés dijo a Aarón: «Esto es lo que el SEÑOR dijo: "Como santo seré tratado por los que se acercan a Mí, y en presencia de todo el pueblo seré honrado"».
>
> Y Aarón guardó silencio. Moisés llamó también a Misael y a Elzafán, hijos de Uziel, tío de Aarón, y les dijo: «Acérquense, llévense a sus parientes de delante del santuario, fuera del campamento». Y ellos se acercaron y los llevaron fuera del campamento todavía en sus túnicas, como Moisés había dicho.
>
> Luego Moisés dijo a Aarón y a sus hijos Eleazar e Itamar: «No descubran su cabeza ni rasguen sus vestidos, para que no mueran y para que Él no desate todo Su enojo contra toda la congregación. Pero sus hermanos, toda la casa de Israel, se lamentarán por el incendio que el SEÑOR ha traído. Ni siquiera saldrán de la entrada de la tienda de reunión, no sea que mueran; porque el aceite de unción del SEÑOR está sobre ustedes». Y ellos hicieron conforme al mandato de Moisés.

Este fue uno de los días más tristes en la historia del pueblo de Israel en toda su travesía por el desierto. Lo que debía ser un día de celebración terminó siendo un día de duelo. En un instante, estos dos hijos de Aarón, que apenas iniciaban sus funciones sacerdotales, murieron carbonizados por haber comprometido la santidad de Dios. El tabernáculo era como un microcosmos santificado para representar la morada de Dios. Pero fue profanado cuando Nadab y Abiú ofrecieron un fuego extraño. ¿Por qué respondió Dios de manera tan radical y los consumió? **Porque Dios no negocia con Su santidad.** Aunque la Biblia no especifica claramente en qué consistió el fuego extraño que ellos ofrecieron, sí hay algunas cosas claras: La quema del incienso le correspondía a Aarón, el sumo sacerdote, y no a sus hijos (Ex. 30:7). También sabemos que solo el sumo sacerdote podía entrar en el lugar santísimo y solo en el Día de la Expiación, pero estos jóvenes intentaron entrar el día equivocado (Lv. 16).[11] Además, Nadab y Abiú no consultaran con Moisés o Aarón antes de ofrecer este sacrificio, sino que actuaron bajo su propia autoridad. Finalmente, sabemos que las brasas de fuego para ofrecer incienso debían ser tomadas del altar de bronce que estaba en los atrios (Lv. 16).[12] De hecho, los académicos del judaísmo y la tradición del Midrash sugieren que se trataba de un *fuego extraño,* porque fue tomado de una fuente extraña como si fueran carbones tomados de un horno cualquiera.[13] Esto es lo que leemos en Éxodo 30:37-38, LBLA:

> Y el incienso que harás, no lo haréis en las mismas proporciones para vuestro propio uso; te será santo para el SEÑOR. Cualquiera que haga incienso como este, para usarlo como perfume será cortado de entre su pueblo.

11. Warren W. Wiersbe, *Be Holy, Becoming Set Apart for God* (Colorado Springs: David Cook 1994), Edición Kindle, 50.
12. L. Michael Morales, *Who Shall Ascend the Mountain of the Lord? NSBT* (Downers Grove: IVP, 2015), 145-49.
13. Ver comentario sobre Levítico 10 en *The Hebrew Bible, Vol 1, a translation with Commentary by Robert Alter* (N.Y.: W.W. Norton & Company, 2019), 398-99.

La razón por la que el incienso debía ser diferente era porque *«te será santo para el Señor»*. Ahora, detente por un momento y considera lo siguiente. Si algo tan sencillo como el incienso que se usaba para crear un aroma agradable en el tabernáculo del Señor tenía que ser diferente, exclusivo o singular, ¿cuánto más nuestras vidas deben tener un olor distinto al del mundo? Nadab y Abiú ofrecieron un fuego extraño y profanaron el tabernáculo, donde simbólicamente moraba el Señor. Pero ahora, nosotros, como templos vivos (1 Co. 6:19), como verdadera morada del Espíritu de Dios, debemos cuidarnos de no ofrecer un fuego extraño cuando nos acercamos a Él habiendo profanado nuestros cuerpos. Si no hemos sido consumidos por Su santidad, es porque Dios, quien es rico en misericordia, está llamándonos al arrepentimiento. Nuestro pecado, tarde o temprano traerá sus consecuencias. Y mientras más tarde llegan estas, más severas podrían ser, porque su demora solo refleja la paciencia de Dios, que espera nuestro arrepentimiento (2 P. 3:9).

Está claro que el sacrificio ofrecido a Dios ese día no había sido ordenado. En Levítico 8 leemos que cuando Moisés consagró el tabernáculo, hizo todo como Jehová ordenó o como Jehová había ordenado. Leemos esta frase de manera repetitiva en Levítico 8, versículos 4, 9, 13, 17, 21, 29, 36 y en Levítico 9:7 y 9:10. Nueve veces aparece la frase *como Jehová había ordenado*. Decía el puritano Richard Rogers que nosotros servimos a un Dios preciso.[14] Si eso es cierto, y lo es, nuestra obediencia debe ser precisa. Notemos el contraste entre la frase *como Dios había ordenado,* repetida 9 veces en los pasajes que acabamos de mencionar, y la que aparece en Levítico 10:1, donde se nos dice que Nadab y Abiú ofrecieron sacrificios que *Dios no les había ordenado.* Eso explica por qué las consecuencias no se hicieron esperar: «[...] de la presencia del SEÑOR salió fuego que los consumió, y murieron delante del SEÑOR» (Lv. 10:2). No

---

14. Terry L. Johnson, *The Identity and Attributes of God* (Carlisle, PA: The Banner of Truth Trust, 2019), 169.

olvidemos nunca que los ojos del Señor recorren toda la tierra y que su omnisciencia es una omnisciencia santa que lleva a juzgar lo que ve a lo largo de cada día.

Horas antes de que Nadad y Abiú murieran, fuego salió de la presencia del Señor para encender por primera vez el altar de bronce, y dejar así consagrado el tabernáculo. Y horas más tarde, ocurrió lo mismo, pero esta vez para consumir las vidas de aquellos que habían corrompido el tabernáculo.

## Un fuego consumidor

Cuando los hijos de Dios ofrecen fuego extraño, las consecuencias son incalculables. Hasta ahora nos hemos enfocado en Nadab y Abiú, pero ¿recuerdas lo que hizo su padre antes de aquel suceso? Al salir de Egipto, Aarón construyó un becerro de oro con sus propias manos e invitó al pueblo a adorarlo. Aarón corrompió la adoración de Dios, y sus hijos hicieron lo mismo. Los hijos de Aarón corrompieron el único lugar sagrado en todo el planeta después de la caída... el tabernáculo de Dios. Esto mismo hicieron Adán y Eva el día que profanaron el jardín que era el lugar de adoración a Dios hasta ese momento.

Los hijos de Aarón copiaron el pecado de su padre, como ya dijimos. Este mismo patrón lo encontramos a lo largo de las Escrituras. Adán y Eva comprometieron la santidad de Dios en el jardín, y luego su hijo Caín haría lo mismo, quien luego terminó quitándole la vida a su hermano, Abel. David profanó el matrimonio al adulterar con Betsabé y, como consecuencia su hijo murió al nacer. Y uno de sus hijos, Absalón, terminó fornicando con las concubinas de David a plena luz del día (2 S. 16:22). Ananías y Safira mintieron sobre la venta de la propiedad, y como consecuencia ambos murieron porque «los labios mentirosos son abominación al Señor» (Pr. 12:22). El día que Uza tocó el arca del pacto en un intento de impedir que cayera al suelo, murió instantáneamente, porque Dios había prohibido que cualquier persona la tocara. Cada uno de estos relatos nos recuerda las consecuencias devastadoras del pecado, porque nuestro Dios es fuego consumidor (He 12:29).

Además, cada uno de estos relatos nos muestra que cuanto más cerca de Dios, más cuidadosos debían ser.

El fuego extraño no solo es una afrenta contra la santidad de Dios, sino que también impacta tu vida, tu mente, tus sentidos, tu capacidad para tomar decisiones, tu matrimonio, tu familia, tu iglesia, y todo lo demás. Parte de la disfunción que el pecado causa es la falta de paz interior. La falta de paz en nuestro interior frecuentemente es el resultado de falta de santidad.[15] En el jardín del Edén, Adán y Eva estuvieron en paz hasta que el pecado entró a su mundo. Cuando Dios creó el universo, lo hizo libre de pecado que es la única forma como el universo puede funcionar en armonía. A. W. Tozer lo expresa así en su libro, *The Knowledge of the Holy*: «Dios es santo, y Él ha hecho que Su santidad sea la condición moral necesaria para la salud de Su Universo»[16]

Para Aarón, las consecuencias fueron terribles, porque siendo el padre de estos dos jóvenes, no pudo darles sepultura. En su lugar, sus primos fueron los encargados de llevar los cuerpos sin vida fuera del campamento, para no contaminar al pueblo (Lv. 10:4-5). Tristemente, Aarón no pudo hacer duelo por sus dos hijos, y sus dos hijos restantes no pudieron llorar a sus hermanos, quizás para no dar la apariencia de que ellos estaban en desacuerdo con Dios o airados con Él.[17] Escucha cómo el texto lo señala: «*Luego Moisés dijo a Aarón y a sus hijos Eleazar e Itamar: "No descubran su cabeza ni rasguen sus vestidos, para que no mueran y para que Él no desate todo Su enojo contra toda la congregación"*» (v. 6). Cuando el pueblo

---

15. Horatius Bonar, *God's way of Holiness*, Edición para Kindle, Prefacio, 15.

16. A. W. Tozer, *The knowledge of the Holy* (San Francisco: Harper & Row Publishers, 1961), 106.

17. Gordon J. Wenham, *The Book of Leviticus, NICOT* (Grand Rapids: Eerdmans; revised edition, 1979), 157.

hacía duelo por alguien, rasgaban sus ropas y descubrían sus cabezas. Pero a Aarón se le prohibió. Sus hermanos y el resto del pueblo se lamentarían; no de la muerte de estos dos jóvenes, sino más bien por la justicia que Dios tuvo que imponer porque ellos habían corrompido la adoración de Dios: «Pero sus hermanos, toda la casa de Israel, se lamentarán por el incendio que el Señor ha traído.» Ciertamente Dios no negocia con Su santidad. Ese día, a Aarón y a sus dos hijos se les prohibió salir del tabernáculo para que no asistieran al entierro de los dos hijos juzgados por Dios. El v. 7 lo explica: «Ni siquiera saldrán de la entrada de la tienda de reunión, no sea que mueran; porque el aceite de unción del Señor está sobre ustedes. Y ellos hicieron conforme al mandato de Moisés». Cuando ofrecemos fuego extraño al Señor, las consecuencias pueden ser incalculables, porque **Dios no negocia con Su santidad**.

Las últimas instrucciones de parte de Dios para Aarón dan la impresión de que quizás sus dos hijos hubiesen estado bajo la influencia del alcohol:

El Señor le dijo a Aarón: «Ustedes no beberán vino ni licor, ni tú ni tus hijos contigo, cuando entren en la tienda de reunión, para que no mueran. Es un estatuto perpetuo por todas sus generaciones, y para que hagan distinción entre lo santo y lo profano, entre lo inmundo y lo limpio, y para que enseñen a los israelitas todos los estatutos que el Señor les ha dicho por medio de Moisés». (Lv. 10:8-10)

## La necesidad de santidad en nosotros

Revisemos nuevamente el versículo 3 de nuestro texto de más arriba:

Entonces Moisés dijo a Aarón: «Esto es lo que el Señor dijo:
"Como santo seré tratado por los que se acercan a Mí,
Y en presencia de todo el pueblo seré honrado"».

Imagino la intensidad de las emociones en el interior de Aarón, al ver a sus dos hijos quemados por Dios en medio de un sacrificio de adoración: Su corazón debió de haberse derretido en su interior. Su mente debió de haber quedado en estado de confusión... en una especie de nebulosa. Su voluntad debió de quedar reducida a la nada, y quizás deseó no seguir ejerciendo el sacerdocio. Obviamente acudió a Moisés en busca de una explicación; ni siquiera creo que estuviera buscando consolación en ese momento, sino tan solo una explicación de por qué habría hecho Dios tal cosa con sus dos hijos mayores; con dos jóvenes sacerdotes, aún inexpertos. En ese momento, esto es lo que Moisés le recordó a Aarón: «Esto es lo que el Señor dijo: "Como santo seré tratado por los que se acercan a Mí..."». Tanto Aarón como sus hijos habían sido entrenados para liderar la adoración de un Dios tres veces santo. En Éxodo 24 se nos muestra que ellos acompañaron a Moisés al monte. Y Levítico 8:30 nos habla de la consagración de Aarón y sus cuatro hijos al sacerdocio.

En el tabernáculo había un lugar conocido como el lugar santísimo y allí entraba solamente el sumo sacerdote, una vez al año, durante el día de la expiación, como ya mencionamos más arriba. Muchos presuponen que los hijos de Aarón trataron de penetrar allí y por eso murieron. Así empezó Dios a mostrar que cuanto más cerca estamos de Él, más cuidado debemos tener. El dilema que tenemos ahora es que Dios está tan cerca de nosotros que está en nosotros, y por eso somos Su morada; y tiene enormes implicaciones. Escucha como Pablo advierte a los corintios:

> Huyan de la fornicación. Todos los demás pecados que un hombre comete están fuera del cuerpo, pero el fornicario peca contra su propio cuerpo. ¿O no saben que su cuerpo es templo del Espíritu Santo que está en ustedes, el cual tienen de Dios, y que ustedes no se pertenecen a sí mismos? (6.18-19)

Si los sacerdotes del Antiguo Testamento debían tener sumo cuidado de cómo conducirse dentro del tabernáculo, mucho más cuidado debiéramos tener nosotros que hemos sido llamados real sacerdocio en 1 P. 2:9, y que hoy somos el templo de su Espíritu Santo.

**No podemos vivir como el mundo y ofrecer nuestra adoración como hijos de Dios porque esto sería fuego extraño.**

Al considerar todo lo que expresamos anteriormente con relación a la santidad de Dios, podemos decir con facilidad que nosotros no tenemos idea de la pureza de la santidad de Dios, ni de lo perverso que es nuestro pecado. Dicho de otra forma, no tenemos idea de cuán moralmente puro es Dios ni cuán perversamente impuros, nosotros somos. Si lo supiéramos, estaríamos de acuerdo con todos y cada uno de los juicios de Dios.

**Dios es moralmente puro en Su esencia y completamente libre en Su existencia.**

## Un fuego aceptable

Nosotros somos sacerdotes llamados a ofrecer un sacrificio vivo y santo al Señor (Ro. 12:1-2). Por tanto, nuestras vidas deben hacer distinción entre lo santo y lo profano, entre lo inmundo y lo limpio. Debemos ser cuidadosos al acercarnos ante el trono de la gracia, no sea que se diga de nosotros: «Este pueblo con los labios me honra, pero su corazón está muy lejos de Mí. Pues en vano me rinden culto» (Mt. 15:8-9).

Algunos creen que estos castigos radicales de Dios contra el pecado sucedieron únicamente en el Antiguo Testamento. Pero olvidamos la fuerte advertencia del autor de Hebreos, al recordarnos el celo de aquel Dios que no negocia Su santidad:

Cualquiera que viola la ley de Moisés muere sin misericordia por el testimonio de dos o tres testigos. ¿Cuánto mayor castigo piensan ustedes que merecerá el que ha pisoteado bajo sus pies al Hijo de Dios, y ha tenido por inmunda la sangre del pacto por la cual fue santificado, y ha ultrajado al Espíritu de gracia? Pues conocemos a Aquel que dijo: «Mía es la venganza, Yo pagaré». Y otra vez: «El Señor juzgará a Su pueblo». ¡Horrenda cosa es caer en las manos del Dios vivo! (He. 10:28-31)

Cuando seas sorprendido por la santidad de Dios y Su disciplina, recuerda que la única respuesta apropiada es la humildad para llorar por tu pecado, y el arrepentimiento de corazón para no volver atrás (2 P. 2:21-22). Renuncia a tus pecados pasados y presentes a los cuales te has aferrado por tanto tiempo. Restituye a quienes sea necesario restituir. Decide entregarte por completo al conocimiento de Dios, de manera que todas las ofertas del mundo palidezcan ante la grandeza de Aquel a quien ahora adoras en verdad, con un fuego agradable y aceptable en Su presencia.

## CAPÍTULO 5

# EL DIOS INCOMPARABLE, YO SOY

**P**uedes elegir mirar hacia otro lado, pero nunca podrás decir que *no lo sabías*. Estas fueron las famosas palabras pronunciadas por William Wilberforce en el parlamento inglés, antes de que se emitiera el voto para abolir la esclavitud en Inglaterra. En aquellos días, muchas personas habían elegido ignorar la realidad del sufrimiento de los esclavos, pero jamás pudieron alegar la falta de conocimiento. De la misma manera, hoy muchos pueden elegir ignorar la santidad de Dios y Su justicia, pero jamás podrán alegar desconocimiento.

Desde el principio, Dios ha hecho Su presencia manifiesta en el mundo, de modo que todo lo creado por Él da testimonio de Su existencia, dejando al hombre sin excusa (Ro. 1:20). Cuando nos adentramos en la historia del éxodo, encontramos que el primer atributo que Dios revela de sí mismo a Moisés es Su santidad. En la conocida escena de la zarza ardiente, Dios le pide que no se acerque y se quite las sandalias, porque la tierra que está pisando es santa (Ex. 3:5). El Señor había manifestado Su presencia manifiesta allí, y eso había cambiado las características del lugar: ya no era ordinario, sino extraordinario. En esa misma conversación, Dios se reveló de una manera especial. Estaba enviando a Moisés de regreso a Egipto con la encomienda de sacar a Su pueblo al desierto para darle libertad y que el pueblo aprendiera a adorarle fuera del politeísmo de Egipto. Moisés se sintió amedrentado y, en su inseguridad, objetó de más de una manera su regreso a la nación, donde él había dado muerte a uno de sus ciudadanos años atrás. En su inseguridad, Moisés no solo objetó ante Dios, sino que también hizo preguntas. Veamos:

> Entonces Moisés dijo a Dios: «Si voy a los israelitas, y les digo: "El Dios de sus padres me ha enviado a ustedes", tal vez me digan: "¿Cuál es Su nombre?", ¿qué les responderé?».
> Y dijo Dios a Moisés: «YO SOY EL QUE SOY», y añadió: «Así dirás a los israelitas: "YO SOY me ha enviado a ustedes"». (Ex. 3:13-14)

La frase traducida YO SOY EL QUE SOY o simplemente YO SOY, proviene de la palabra hebrea de cuatro consonantes, sin vocales, YHWH. Por temor a usar el nombre de Dios en vano, los hebreos prefirieron no pronunciarlo siquiera. Así que sustituyeron YHWH por *Adonai*, y en otras ocasiones por *Elohim*. Con el transcurrir del tiempo, las vocales de *Adonai* y *Elohim* pasaron a formar parte de estas cuatro consonantes, formando así el nombre que hoy se conoce como *Yavé* o *Jehová*. Sin embargo, algunas versiones de la Biblia prefieren traducirlo como SEÑOR, con todas las letras en mayúsculas. Este es el único nombre propio o personal de Dios. Podemos ver esto en el texto del profeta Isaías 42:8: «Yo soy el SEÑOR [YHWH], ese es Mi nombre; Mi gloria a otro no daré, Ni Mi alabanza a imágenes talladas». Los demás nombres son títulos o expresiones descriptivos de lo que Dios es o hace.

Los estudiosos han sugerido que el nombre Yahveh es un derivado de la palabra HAYAH, que significa «ser». Por eso se ha traducido como YO SOY o YO SOY EL QUE SOY. La segunda forma de este nombre hace referencia a la naturaleza eterna de Dios y a su autoexistencia/autosuficiencia. Es interesante que algunos han opinado que: «Este nombre de Dios es un verbo, no un nombre. El nombre es la forma imperfecta del verbo hebreo SER o ESTAR, en español. El tiempo imperfecto denota una acción que comenzó en el pasado, continúa en el presente y que aún no ha sido completado».[18]

Con este nombre, Dios estaba revelando que además de ser autoexistente y eterno, también es perfecto en Sí mismo, absoluto, sin causa, independiente y, por tanto, sin necesidad de nada ni de nadie. Este atributo de autoexistencia, como origen de todo y poseedor del poder para sostener todo lo creado, se denomina la aseidad de Dios. Esta palabra proviene del latín que significa «de sí mismo», en alusión a que Dios existe por Sí mismo desde la eternidad, sin ninguna necesidad ni deficiencia o carencia. Mira cómo se define la aseidad de Dios:

> La aseidad de Dios es su atributo de autoexistencia e independencia. Dios es la Causa no causada, [o la CAUSA de las causas]… el Creador no creado… Dios es eterno (Sal. 90:2). No tuvo un comienzo. Siempre ha sido. Dios es inmutable (Mal. 3: 6; Stg. 1:17), siempre ha sido el mismo ayer, hoy y siempre. Él será lo que es para siempre. Todos los atributos de Dios son eternos e invariables. Son como siempre han sido y nunca serán diferentes. La aseidad de Dios nos asegura que su autonomía es absoluta. Solo Él decide qué hacer y nada puede frustrar Su propósito de cumplir Sus promesas. Lo que promete hacer, lo hará. Lo que Él predice, sucederá. Cuando Dios dice: «Mi consejo permanecerá, y haré todo lo que quiero» (Is. 46:10, RVR1960), Él está enfatizando su aseidad y soberanía.

Para el teólogo reformado, Herman Bavinck, la aseidad es el primero de los atributos y, por tanto, todos los demás derivan de este.[19] En

---

18. Ken Hemphill, PhD, *The Names of God* (Tigerville, SC: Auxano Press, 2014), Edición para Kindle, pág. 639 de 1618.
19. Herman Bavinck, *The Doctrine of God* (Grand Rapids: Eerdmans, 1951), 144.

teología, al hablar de este atributo se afirma que Dios es el único ser necesario. Cuando se menciona esta idea de un ser necesario, los teólogos aluden a que la no existencia de Dios no es ni siquiera una posibilidad. Además, con esto hacemos referencia a que todas las demás cosas y criaturas dependen de Dios. Si Él dejara de existir, el universo entero colapsaría. Nosotros encontramos esa declaración en el libro de Job, y esto es impresionante porque su autor contaba con mucha menos información que nosotros hoy (bíblica y científica) y, sin embargo, llegó a la misma conclusión: «Si Él determinara hacerlo así, si hiciera volver a sí mismo Su espíritu y Su aliento, toda carne a una perecería, y el hombre volvería al polvo» (Job 34:14–15). Esa sola realidad nos deja ver que Dios es verdaderamente incomparable.

Para hablar de la *incomparabilidad* de Dios, como lo dijo el puritano George Swinnock, quiero invitarte a considerar cuatro aspectos fundamentales: Su existencia, Sus atributos, Su obra y Su palabra.

## Incomparable en Su existencia

Dios es incomparable en Su existencia porque no tiene comienzo ni fin. Dios no envejece, no ha cambiado en Sus atributos ni Su mente o forma de pensar. Lo que fue verdad en la eternidad pasada, lo es hoy también, y lo seguirá siendo en el futuro. Dios no ha cambiado en Sus emociones ni en Su forma de sentir, ni en ninguno de Sus propósitos o planes. Dios no ha tenido ninguna necesidad a lo largo del tiempo. Así lo explicó el apóstol Pablo cuando visitó la ciudad de Atenas:

El Dios que hizo el mundo y todo lo que en él hay, puesto que es Señor del cielo y de la tierra, no mora en templos hechos por manos de hombres, **ni es servido por manos humanas, como si necesitara de algo**, puesto que Él da a todos vida y aliento y todas las cosas. (Hch 17: 24-25, énfasis añadido)

En este corto pasaje, Pablo nos enseña cosas importantes sobre el Dios incomparable. Nos indica que es creador, Señor sobre todo, y que no puede ser contenido por nada ni nadie porque es infinito (cf. 1 R. 8:27). Nuestro Dios es infinito y eterno, creador del universo en tiempo y espacio sobre el cual ejerce señorío. En otras palabras, el universo no existió desde la eternidad para luego ser organizado por una fuerza impersonal que los estoicos llamaban el logos. Más bien, el universo fue creado por el Dios del cual predicaba Pablo, y al que nosotros adoramos. Pablo no solo presenta a Dios como creador, infinito y Señor sobre lo creado, sino también como autosuficiente.

A lo largo de la historia, los pueblos paganos han ofrecido ofrendas de comida y otras cosas a sus dioses, porque ellos los conciben como humanos. Pero en cambio, Pablo señala que nuestro Dios no necesita de nada que podamos darle. Cuando le ofrecemos algo a Dios es porque Él nos lo ha dado primero. Si le amo, es porque Él me amó primero. Si ofrendo para Él, es porque Él me dio primero la capacidad de producir aquello que le estoy dando. Tú y yo nunca hemos llenado el tanque emocional de Dios. Más bien, Él es el único que puede llenar plenamente tu tanque emocional. Por eso resulta tan vano e inútil buscar en los placeres pasajeros del mundo lo que solo Dios puede darnos.

Dios depende de Sí mismo, a diferencia de la criatura que depende de Él. Cuando Dios le habló a Moisés se reveló como un Dios santo y autosuficiente. Por eso su nombre es el YO SOY. Él no necesita nuestra adoración. Más bien nosotros necesitamos adorarle para encontrar en la intimidad con Él lo que Adán perdió en el Edén. Dios no precisa nuestra obediencia para estar en paz. Soy yo quien tengo que obedecer para tener paz en general y con Él, y no sufrir las consecuencias de mi propio pecado. Desde el momento en que comenzamos a pensar que Dios necesita algo, en nuestra mente hay otro «dios» diferente al de la Biblia. Él es autosuficiente y autodependiente, lo que implica que Él tiene vida en Sí mismo. Nota como Cristo lo dijo: «Porque como el Padre tiene vida en Él mismo, así también le dio al Hijo el tener vida en Él mismo» (Jn. 5:26). Nuestro Dios no es un Dios egoísta, como algunos piensan, sino que nuestro Dios es un Dios dador. Por esa razón, en Su amor Él le ha dado vida a todo lo que está fuera de Él. Todo lo que existe dependió de Él para ser creado. Esto afirma Colosenses 1:16:

> Porque en Él fueron creadas todas las cosas, tanto en los cielos como en la tierra, visibles e invisibles; ya sean tronos o dominios o poderes o autoridades; todo ha sido creado por medio de Él y para Él.

Aún la célula más pequeña fue creada por Él y para dar gloria. Pensemos por un momento ¿cuán grande es el universo? Déjame darte una idea. El número 1000 tiene 3 ceros. Un millón tiene 6 ceros. Un billón tiene 9 ceros. Un trillón tiene 12 ceros. Recientemente aprendí que el universo tiene alrededor de 200 billones de trillones de astros. Son 200 seguido de 21 ceros. Ciertamente el salmista tenía razón al escribir que «los cielos proclaman la gloria de Dios, y el firmamento anuncia la obra de Sus manos» (Sal. 19:1). ¡Todo fue creado por Él y para Él! Tanto en el mundo físico como en el mundo espiritual donde existen miríadas de miríadas de ángeles, todo fue creado y es sostenido por Su poder. El universo no se sustenta por las leyes de la física, sino por el poder de Su palabra (He 1:3). Más bien, las leyes de la física se derivan del poder de Dios, porque solo Él tiene el poder de autoexistencia. Dios existe por sí mismo, vive por sí mismo y se mueve de acuerdo consigo mismo (Hch. 17:28).

Cuando Dios le señaló a Moisés «YO SOY EL QUE SOY», estaba afirmando Su eternidad, Su independencia de toda circunstancia externa, Su autonomía, Su atributo de creador y dador de vida, Su señorío sobre todo y Su inmutabilidad. Todo esto y más está encerrado en el nombre por medio del cual Dios se reveló. Ese es Su nombre, e incluso en Su nombre es incomparable por todo lo que contiene. Ese es el nombre que Dios quería y quiere que recordemos de manera especial. Por eso le indicó al pueblo antes de entrar a la tierra prometida: «Si no cuidas de poner en práctica todas las palabras de esta ley que están escritas en este libro, temiendo este nombre glorioso y temible, el SEÑOR tu Dios, entonces el SEÑOR hará horribles tus plagas y las plagas de tus descendientes, plagas severas y duraderas, y enfermedades perniciosas y crónicas» (Dt. 28:58-59). Su nombre es glorioso porque representa su esencia, pero también es temible en reverencia, honor y respeto. Por ello, las escrituras insisten en la necesidad de temer el nombre de Dios. Bien afirmó Henry Blackaby en uno de sus libros que cuando el hombre pierde el temor a Dios, también se lo pierde al pecado. Y cuando ese hombre ya no teme al pecado, Dios se aleja de él. Pero lamentablemente, el hombre que le pierde el temor al pecado continúa viniendo a la iglesia, y sus actividades religiosas lo convencen de que Dios no se ha apartado de él. Ese hombre sigue viviendo satisfecho sin la presencia manifiesta de Dios, y esto lo llevará a sufrir las consecuencias de Su ausencia en su vida.

## Incomparable en Sus atributos

En sus atributos, Dios es incomparable. Solo Él es infinitamente santo, al punto que cuando ve el pecado se aleja o lo destruye, algo que desarrollamos en detalle en el capítulo anterior. Solo Él es eterno e inmortal, y por eso habita fuera del tiempo y del espacio; como es natural, no es afectado ni por una cosa ni por la otra. No hay nada en la creación que lo limite. La creación por definición es limitada. Pero Dios vive fuera de ella, aunque al mismo tiempo Su presencia ocupa cada espacio de la creación y por eso la conoce, la juzga y la controla. Y ahí también es incomparable. Él es trascendente porque está más allá de toda concepción. Pero al mismo tiempo es inmanente porque habita en nosotros:

Porque así dice el Alto y Sublime
Que vive para siempre, cuyo nombre es Santo:

«Yo habito en lo alto y santo,
Y también con el contrito y humilde de espíritu,
Para vivificar el espíritu de los humildes
Y para vivificar el corazón de los contritos». (Is. 57.15)

Solo Él tiene poder para hacer todas las cosas hasta el punto de
llamar las cosas que no son como si fueran (Ro. 4:17). Tiene poder
para dar vida, para quitarla y para resucitar la vida que fue perdida
(Jn. 5:21). Él es incomparable en su omnisciencia, tal como lo afirmó
el salmista:

Oh SEÑOR, Tú me has escudriñado y conocido.
Tú conoces mi sentarme y mi levantarme;
Desde lejos comprendes mis pensamientos.
Tú escudriñas mi senda y mi descanso,
Y conoces bien todos mis caminos.
Aun antes de que haya palabra en mi boca,
Oh SEÑOR, Tú ya la sabes toda. (Sal. 139:1-4)

Él conoce mi estado físico, mental, emocional y espiritual a la
hora de acostarme y levantarme. Él conoce mis pensamientos, lo
que implica que cuando estoy meditando, Él conoce mis meditacio-
nes. Pero cuando estoy tramando lo que no debiera, Él también lo
conoce. Antes de que yo comience a hablar, Él ya sabe lo que voy a
decir, tanto lo santo como lo profano. Y no solo eso, pero conoce las
motivaciones de mis pensamientos y acciones. Dios es incomparable en Su omnipresencia (Sal. 139:7-8). El Señor conoce cada lugar
donde yo he estado, donde pude haber estado, donde estoy en cada
momento y donde estaré en el mañana. Además, conoce cómo he
llegado a cada lugar pasado e incluso conoce cada lugar donde voy
a estar en el futuro y cómo llegaré allí.

Él es incomparable en Su amor porque solo Él puede amar de
manera infinita, eterna e incondicional sin que haya en el amado

ninguna cualidad que despierte amor en Dios. Todo el amor que Dios experimenta hacia nosotros tiene su origen única y exclusivamente en Él mismo. Él es incomparable en Su gracia porque todo lo que el mundo tiene lo ha recibido sin mérito alguno. Toda la justicia y castigo que no hemos recibido, teniendo todas las razones para recibirlo, es por pura misericordia. Por eso podemos decir que Él es incomparable en Su misericordia para perdonar todos los pecados de todo el mundo, aun los más gravosos, cuando el arrepentimiento ha sido genuino.

## Incomparable en Su obrar

En Su obrar Dios es incomparable porque obra independiente de toda causa externa. Él obra todas las cosas conforme al consejo de Su voluntad (Ef. 1:11). Nadie en el universo, que no sea Dios, puede obrar conforme al consejo de Su propia voluntad. La gente hace lo que hace, y luego cree que hizo conforme a su propia voluntad. Pero en realidad, cuando la gente obedece fue porque Dios produjo en ellos la motivación para la obediencia. Pero también, cuando desobedecemos es porque Dios lo ha permitido. Sin embargo, el Señor no tendrá por inocente al culpable (Nah. 1:3).

No hay nada peor que Dios te deje hacer todo lo que tú quieres hacer, porque eso implica que en ese momento Dios «te soltó el freno» y la ausencia de Su freno es parte de Su juicio; no hay nada peor que esto. El Señor es incomparable en la manera como obra para inducirnos a obedecer, pero también cuando no obra, permitiendo mi desobediencia. Por eso, el apóstol Pablo escribió: «¡Cuán insondables son Sus juicios e inescrutables Sus caminos!» (Ro. 11:33). Sólo Él entiende Sus juicios y Sus caminos. Pero de algo puedes estar seguro, todos Sus juicios son justos (Sal. 19:9).

Dios es tan incomparable en Su obrar que nadie ha sido Su consejero para ayudarle a tomar las mejores decisiones (Ro. 11:34). Si Él necesitara consejo, sería menor que el consejero. Y si Él no necesita consejo entonces es mayor que todo posible consejo o consejero. Al momento de actuar, nadie puede detener su mano (Dn. 4:35). Por eso Sus propósitos no pueden ser estorbados ni cambiados. De hecho, Sus propósitos son eternos. Lo que Él se propuso en la eternidad pasada es lo que Él quiere hacer hoy y lo que estará haciendo mañana. Dios está en Su trono y hace lo que le place (Sal. 115:3). Él es incomparable en Su obrar.

## Incomparable en Su Palabra

John Frame, en su obra extraordinaria *The Doctrine of the Word of God* (La Doctrina de la Palabra de Dios) dice que «cuando nos encontramos con Dios, nos encontramos con Su Palabra. No podemos encontrarnos con Dios sin Su Palabra o la Palabra sin Dios. La Palabra de Dios y Su presencia personal son inseparables».[20] La Palabra de Dios refleja Su esencia y lo que Él es.

La Biblia afirma que la Palabra de Dios es eficaz, en el sentido de que es poderosa para llevar a cabo lo que Dios se propone al hablar (He. 4:12). Cuando Dios abrió Su boca para crear, no existía nada. Pero la Palabra de Dios es tan poderosa que con solo hablar lo creó todo. ¡Dios dijo y así fue! Su palabra es poder creador. Ahora, cuando hablamos de poder, no me refiero simplemente a una fuerza ciega como la gravedad. Más bien, cuando Dios habla no solo tiene poder, sino que tiene contenido, significado y propósito. Cuando Dios dijo «júntense en un lugar las aguas que están debajo de los cielos», las aguas no salieron corriendo desordenadamente. Sino que supieron dónde unirse y hasta dónde llegar para que apareciera lo seco (Gn. 1:9). Cuando Dios dijo: «Produzca la tierra vegetación», los árboles supieron dónde plantarse y qué frutos producir (Gn. 1:11). Cuando Dios dijo: «Haya lumbreras en la expansión de los cielos para

---

20. John Frame, *The Doctrine of the Word of God* (Phillipsburg: P & R Publishing Company, 2010), 68.

separar el día de la noche», el sol y la luna fueron creados del tamaño perfecto y puestos en el lugar exacto donde debían estar (Gn. 1:14). Cuando Dios habla, de Él emana palabra con poder, pero es un poder capaz de crear lo que Él concibe en Su mente.

Dios, por medio del profeta Isaías, nos enseña: «Así será mi palabra que sale de mi boca, no volverá a mí vacía, sino que hará lo que yo quiero, y será prosperada en aquello para que la envié» (Is. 55:11, RVR1960). Dios habló y el caos cobró orden, la luz apareció, las aguas se separaron, la tierra produjo plantas y frutos, las aguas se llenaron de vida, la tierra produjo todo tipo de animales. La palabra de Dios tiene autoridad infinita. Solo una criatura rebelde se atreve a desafiarla. Cuando Nabucodonosor retó la autoridad y la santidad de Dios, perdió la razón por siete años «hasta [reconocer] que el Altísimo domina sobre el reino de los hombres y que lo da a quien le place» (Dn. 4:25).

Su Palabra no solo es poderosa, sino también veraz, fiel, pura, justa, perfecta y segura (Sal. 19:7-10). Es tan profunda que no podríamos llegar al fondo de Su sabiduría. Es tan sabia que un sabio podría perderse en ella. Y a la vez, es tan entendible que hasta una persona sin educación como Pedro y Juan pudieron entenderla y volverse sabios (Hch. 4:13 y Sal. 19:7). La Palabra de Dios tiene poder para calmar las tormentas, expulsar legiones de demonios y levantar muertos de la tumba.

Finalmente, Su Palabra es eterna. Lo que fue dicho en la eternidad pasada será igual en la eternidad futura. Ni una tilde de lo escrito dejará de cumplirse. Más bien, el cielo y la tierra pasarán, pero Su Palabra no pasará (Mt. 24:35). Ciertamente, Dios es incomparable en Su existencia, en Sus atributos, en Su obrar y en Su Palabra.

# Capítulo 6

# El Dios soberano sobre todo lo creado

Estoy seguro de que en más de una ocasión has escuchado o incluso formulado alguna de estas preguntas:

*Si Dios está en control de todo, ¿por qué permite los desastres naturales?*

*Si Dios legisla, decreta, permite o evita que las cosas ocurran, ¿por qué hay tanta maldad en este mundo?*

*Si Dios ha dicho que no deja impune al culpable, ¿por qué tarda tanto en aplicar Su justicia?*

*Si Dios tiene el poder de hacerlo todo, ¿por qué sana a unos y no a otros?*

La soberanía de Dios es uno de los temas más discutidos a lo largo de la historia de la iglesia. En aras de proveer una explicación sobre el problema del mal y la existencia de Dios, algunas personas han sugerido que tiene la bondad y el deseo de que las cosas sean de otra manera, pero no posee todo el poder para hacerlo. En ese caso, Dios sería omnibenevolente, pero no omnipotente. Esta explicación contradice lo que Dios ha revelado de Sí mismo en la Biblia. Otros han argumentado que cuando los milagros no ocurren es por falta de fe en la persona. Ciertamente, en ocasiones Jesús no hizo milagros en algunas localidades por la incredulidad (Mt. 13:58). Sin embargo,

Pablo supo pedir a Dios, una y otra vez, que quitara el aguijón que lo atormentaba y Dios no lo hizo porque dicho aguijón tenía un propósito en la vida de Pablo (2 Co. 12:6-10). Otros más han dicho que Dios es un caballero y, por lo tanto, no impone Su voluntad a nadie. Sin embargo, aunque suena elegante, esto tampoco es coherente con la evidencia bíblica. El libro de Jonás es un ejemplo de ello, pues leemos que Dios llevó a cabo Su plan forzando a Jonás, a través de ciertas circunstancias, para que fuera en la dirección de Su propósito y se cumpliera así Su voluntad.

Aunque muchas veces incomprendida, la doctrina de la soberanía de Dios está más presente en nuestras vidas de lo que pensamos. Se manifiesta en nuestra forma de orar. Por ejemplo, el cristiano que ora para que Dios desvíe un huracán, está evidenciando su fe en que Dios tiene control sobre la naturaleza y los desastres naturales. Los padres que oran para que Dios proteja a su hijo de un accidente de tránsito, están expresando su fe en que Dios tiene el control de todos los sucesos de nuestra vida, incluyendo las tragedias. El creyente que ora para que Dios sane a un ser querido, está manifestando que cree que Dios tiene control sobre las enfermedades y dolencias. Los cristianos que oran por la salvación de amigos y familiares están afirmando que Dios tiene en sus manos el poder para salvar. De modo que todos tenemos una noción de la soberanía de Dios, ya sea bíblica o defectuosa.

La razón por la cual digo que algunos cristianos tienen una noción defectuosa de la soberanía de Dios, es porque al mismo tiempo que afirman que Dios está en control de la lluvia, se irritan cuando llueve en un momento cuando no lo esperaban, y la actividad que tenían planeada se echa a perder. Entonces terminan atribuyendo a Satanás la lluvia, creyendo que fue él quien se interpuso para que Dios no fuera glorificado. En última instancia, pareciera ser que el soberano es Satanás porque interfirió con los planes de Dios. Algo similar sucede con aquel cristiano que oró para que Dios desviara el huracán, de modo que no pasara por la región donde él vive. Cuando el huracán es desviado, pasando lejos de su casa y de los suyos, esta persona le da gracias a Dios por haber escuchado su oración y lo alaba por Su soberanía. Pero ¿qué sucede con las personas afectadas en la zona donde sí pasó el huracán, cobrando la vida de muchos y dejando a otros más sin vivienda? Es posible que aquel cristiano sea tentado a pensar que Dios no tuvo nada que ver con esas muertes y esos damnificados. Entonces, ¿quién desvió el huracán? ¿No fue el Dios soberano? El mismo Dios que lo desvió para bendición de unos, también es responsable de la tragedia de los otros. Así lo explicó el profeta: «Si se toca la trompeta en la ciudad, ¿no temblará el pueblo? Si sucede una calamidad en la ciudad, ¿no la ha causado el Señor?» (Am. 3:6).

Una de las doctrinas más proclamadas y abrazadas por los hijos de Dios hace unos años atrás, es la doctrina de la soberanía de Dios. Ese fue un tiempo donde la figura de Dios era grande. Pero con el progreso de la ciencia, la imagen del hombre fue enaltecida, y a su vez, la imagen de Dios fue reducida trayendo como consecuencia el rechazo de la soberanía de Dios. Algunos desprecian esta doctrina porque temen que el hombre no tenga ningún rol o importancia en el acontecer de la vida cotidiana, pues solo Dios hace las cosas. Pero también hay otro grupo que ha engrandecido al hombre de tal manera que conciben a Dios como un ser dependiente del ser humano, que existe para servir al ser humano, y cuya meta es traer gloria al ser humano. Una de las consecuencias de reducir la imagen de Dios, es la preeminencia que gana Satanás. En algunos círculos cristianos se ha llegado a considerar a Satanás como un ser fuera de control que limpiaría el piso contigo si te descuidas por un instante. Pero estas personas han olvidado las palabras de Martín Lutero, cuando dijo: «Aun el diablo es el diablo de Dios»[21]. En otras palabras, lo que el diablo hace lo hace bajo el permiso de Dios, según los límites que

---

21. Citado por Erwin Lutzer en *God's Devil*, versión Kindle (Chicago: Moody Publishers, 2015), pág. 15 de 310.

Dios le ha puesto, y para cumplir los propósitos de Dios, tal como vemos en el libro de Job.

## El veredicto de la historia

El libro de Isaías contiene una profecía para los judíos que habían sido llevados al cautiverio babilónico: el pueblo regresaría a Jerusalén al final de los 70 años de exilio, a través de un edicto del rey Ciro (Is. 44:28—45:1). Es impresionante leer un anuncio proclamado alrededor de 200 años antes, con tal nivel de detalle. Pero algo particular salta a la vista en este relato, y es cómo habla Dios de Ciro, un rey pagano, a través del profeta: «Mi pastor» y «Mi ungido». En un momento ampliaré lo que aprendemos de esta descripción. El profeta continúa con su mensaje en el siguiente capítulo. Pero quiero enfocarme de forma específica en tres versículos donde Dios trae a la memoria de ellos lo que ha hecho, pero también anuncia lo que hará:

Acuérdense de las cosas anteriores ya pasadas,
Porque Yo soy Dios, y no hay otro;
Yo soy Dios, y no hay ninguno como Yo,
Que declaro el fin desde el principio,
Y desde la antigüedad lo que no ha sido hecho.
Yo digo: «Mi propósito será establecido,
Y todo lo que quiero realizaré».
Yo llamo del oriente un ave de rapiña,
Y de tierra lejana al hombre de Mi propósito.
En verdad he hablado, y ciertamente haré que suceda;
Lo he planeado, así lo haré. (Is. 46:9-11)

«Acuérdense», les dice el Señor. Yo fui el que los sacó de Egipto, quien los guio y sostuvo en el desierto por 40 años, el que los llevó a la tierra prometida, quien los libertó en el tiempo de los jueces, el que los acompañó durante el período del reino unido bajo el liderazgo de Saúl, David y Salomón, pero también quien estuvo presente en medio de la división del reino. Pero por encima de todo lo que Dios había hecho, la razón por la cual el pueblo podía confiar en Él es porque «Yo soy Dios, y no hay ninguno como Yo» (v. 9). Él es el Dios incomparable, como se afirma numerosas veces a lo largo de las Escrituras (Ex. 9:14; 1 S. 2:2; Is. 45:5; 46:9; Jl. 2:27).

Dios es incomparable en Su soberanía no solo por lo que ha hecho en el pasado, sino también porque en sus manos está el futuro. Él mira hacia el futuro y dice: Yo soy el Dios que declara lo que ocurrirá en 5 minutos, 5 días, 5 meses, 5 años, 50 años o en 500 años (v. 10). No existe nada que Él desee hacer, que no ocurra o que no acontezca. Las naciones pueden tramar todo lo que sus gobernantes quieran, pero al final, la voluntad de Dios prevalecerá. La serpiente derrotó a Adán en el Edén, pero acabó derrotada por el segundo Adán en la cruz. Un viernes en la noche, los hombres crucificaron a Cristo. Pero allí mismo, en el madero, Cristo derrotó el pecado y desarmó a los poderes de las tinieblas. Y no solo eso, ¡sino que al tercer día resucitó de entre los muertos para derrotar a la muerte! Todo lo que Su mano y Su propósito han predestinado, eso sucederá.

El ejercicio de Su soberanía requiere omnisciencia para saberlo todo, y Dios la tiene porque observa todos nuestros pasos, desde que nos levantamos hasta que nos acostamos (Pr. 5:21). Los hombres pueden hacer planes en secreto contra Dios y Su pueblo. Pero para Él, lo secreto y lo público son lo mismo. Él los ve igual. Otros usan la noche para tramar sus fechorías, pero el día y la oscuridad son iguales para Dios (Sal. 139:2). Él es omnisciente. Lo sabe todo.

El ejercicio de Su soberanía también requiere sabiduría infinita que sobrepasa nuestra sabiduría colectiva, de modo que las cosas sucedan como Él quiere y no como nosotros deseamos. Y suceden como Dios desea para que Sus propósitos sean llevados a cabo de la forma más sabia posible. Pero además de omnisciencia y sabiduría infinita, el ejercicio de Su soberanía también requiere poder absoluto para vencer toda posible resistencia. Eso es precisamente lo que significa su nombre: «El Shaddai», el Dios Todopoderoso.

Regresemos a la profecía de Isaías, pero ahora quiero que la leamos en otra versión: «Llamaré a una veloz ave de rapiña desde el oriente, *a un líder de tierras lejanas*, para que venga y haga lo que le ordeno. He dicho lo que haría, y lo cumpliré» (Is. 46:11, NTV, cursiva añadida). Los académicos están de acuerdo en que el líder que Dios traería de tierras lejanas se refiere a Ciro, rey de Persia, del cual habló Isaías en los capítulos anteriores. El «ave de rapiña» también es un símbolo típico del imperio persa. Ciro no era creyente en el Dios de la Biblia, pero ¿recuerdas cómo se le describía en los dos capítulos anteriores? «Mi pastor» y «Mi ungido», el elegido por Dios para liberar a Su pueblo de la esclavitud, después de haberse cumplido los 70 años decretados de cautiverio.

«He dicho lo que haría, y lo cumpliré» (v. 11). Así ocurrió con el transcurrir del tiempo, alrededor de 200 años después, el rey Ciro conquistó Babilonia. Esa es la soberanía de Dios desplegada y manifestada en la historia de la humanidad. Escucha como A. W. Pink, describe la soberanía de Dios:

> Decir que Dios es soberano es declarar que Dios es todopoderoso, el poseedor de todo el poder en el cielo y en la tierra, de manera que nadie puede deshacer Su consejo, frustrar Sus propósitos o resistir Su voluntad. Afirmar que Él es soberano es declarar que gobierna las naciones; sube reinos; derriba imperios y determina el curso de las dinastías como mejor le parece. Declarar que Dios es soberano, es declarar que es el único Potentado, el Señor de señores y el Rey de reyes. Así es el Dios de la Biblia.[22]

22. A. W. Pink, *The Sovereignty of God* (I. C. Herendeen, 1991), 19.

# El veredicto de la Escritura

Aunque la evidencia histórica de la soberanía de Dios es valiosa, también es importante conocer lo que la Biblia dice acerca de la soberanía de Dios. Desde la primera página, e incluso con sus primeras palabras, la Biblia afirma que Dios es soberano: «En el principio Dios creó los cielos y la tierra» (Gn. 1:1). Si Dios creó los cielos y la tierra, entonces Él tiene la patente sobre el planeta y es el dueño de todo cuanto existe. Por eso, Dios tiene la potestad soberana de darle la tierra prometida a Israel y quitársela a los cananeos (Gn. 15:13-16). Como Él es el dueño del cielo y la tierra, entonces puede poner reyes y quitar reyes, sin que nadie lo cuestione. Cuando el rey Nabucodonosor se rebeló contra Dios, recibió una de las lecciones de humildad más importantes cuando fue hecho semejante a las bestias del campo, comiendo hierba durante siete años, hasta que reconoció que «el Altísimo domina sobre el reino de los hombres, y que lo da a quien le place» (Dn. 4:32).

El autor de Hebreos escribió: «Él […] sostiene todas las cosas por la palabra de Su poder» (He. 1:3). Por esta razón dos pajaritos no caen al suelo sin Su consentimiento (Mt. 10:29). Si eso es verdad, y lo es, entonces al subirme a un avión no tengo que temer porque Dios es el piloto en jefe, y para que ese avión caiga a tierra, Dios tiene que dar el permiso. Dios sostiene el universo con el poder de Su palabra, y como evidencia de ello sabemos que Él detuvo el sol y la luna en el firmamento para darle la victoria al pueblo judío en medio de una batalla (Jos. 10:12-13).

El apóstol Pablo también nos recuerda que Dios «está sobre todos, por todos y en todos» (Ef. 4:6). Si Dios está por encima de todo y de todos, entonces no debo temer al hombre. Aunque caigan mil a mi lado y diez mil a mi diestra, puedo confiar que Dios tiene el control (Sal. 91:7). De la misma manera, si Dios está sobre todos, entonces no debería tener temor de Satanás. Él podrá estar suelto, pero no está fuera de control. Satanás no hace lo que le place. ¡No! Él hace lo que

Dios le permite. El enemigo necesita el permiso de Dios para obrar. Por eso, Jesús le dijo a Pedro: «Simón, Simón, mira que Satanás los ha reclamado a ustedes para zarandearlos como a trigo; pero Yo he rogado por ti para que tu fe no falle» (Lc. 22:31-32). Si tú estás bajo la sombrilla de Dios, ¿por qué habrías de temer a lo que Satanás pudiera hacer llover sobre ti? Tronos, dominios, principados y potestades, todos están sometidos a Cristo. Recuerda, tú y yo estamos en Cristo y, por tanto, para que algo llegue hasta nosotros debe pasar por las manos de Cristo.

El profeta Isaías nos recuerda que Dios declara «el fin desde el principio, y desde la antigüedad lo que no ha sido hecho» (Is. 46:10). Si Dios conoce el fin desde el principio, ¿por qué nos preocupamos por el día de mañana? Según Jesús, esa preocupación es característica de los gentiles que no conocen a Dios (Mt. 6:32). La preocupación ha matado a mucha gente y ha esclavizado a muchos otros. Cuando Cristo nos redime, Él nos quiere libres de culpa, pero también de inseguridades y temores. La soberanía de Dios debe ser el atributo que trae más libertad y tranquilidad al cristiano. Si Dios conoce el futuro y ha dicho que todas las cosas cooperarán para bien para los cristianos, entonces yo puedo vivir libre del temor porque Él ha prometido que aún mis fracasos cooperarán para mi bien (Ro. 8:28).

La palabra griega *sunergei,* traducida al español como «cooperarán», es de donde proviene también nuestro vocablo «sinergia». Cuando dos cosas, eventos o personas trabajan de manera sinérgica, implica que trabajarán juntos para lograr más de lo que pudieran alcanzar a nivel individual. Cuando Pablo dice que todas las cosas cooperarán para bien, está afirmando que Dios en Su soberanía usará a personas —incluso a inconversos como el rey Ciro—, circunstancias, eventos, cosas, sucesos o accidentes para que al final produzcan nuestro mayor bien. Esta promesa no es algo que sucedió en el pasado y quedó olvidada, pues la expresión griega está en presente continuo. Es decir, Dios está controlando soberanamente todas las cosas, en cada momento de nuestras vidas, para nuestro bien. ¿Cuál es el «bien» al que se refería Pablo? La palabra griega es *agadsón*, que significa «lo mejor». La única razón por la que Dios puede garantizar que Él hará todas esas cosas para nuestro bien es porque Él es soberano y Él ha puesto Su soberanía junto con Su amor al servicio de Sus propósitos, en favor de aquellos a quienes Él compró en la cruz.

Otra evidencia escritural de la soberanía de Dios es lo que Pablo les recuerda a los Efesios: «Él [...] obra todas las cosas según el consejo de Su voluntad» (Ef. 1:11). Si eso es cierto, ¿por qué oramos para tratar de cambiar Su voluntad? Ni siquiera Cristo trató de hacerlo, sino que oró: «No se haga Mi voluntad, sino la Tuya» (Lc. 22:42). La voluntad de Dios es buena, agradable y perfecta (Ro. 12:2); por lo tanto, tratar de cambiarla sería para mal. Si es agradable, cambiarla sería por algo que no trae bendición y gozo a Sus hijos; y peor aún, es cambiarla por algo que no lo glorifica. Como bien ha dicho el pastor John Piper en innumerables ocasiones, «la gloria de Dios y el gozo de Sus hijos no están divorciados». Si Su voluntad es perfecta, cambiarla sería desviar el curso de tu vida hacia uno inferior y destructivo. En Su soberanía, Dios decretó el curso de tu vida para que fuera conforme a Su voluntad. Si decidimos seguir el curso carnal de nuestras vidas, podríamos conseguirlo. Pero cuando las consecuencias lleguen, no podrás decir que no lo sabías.

El profeta Isaías dice que Dios es quien «forma la luz y crea las tinieblas, el que causa bienestar y crea calamidades, yo soy el Señor, el que hace todo esto» (Is. 45:7, LBLA). Dios se responsabiliza por todo lo que ocurre arriba en los cielos y debajo del sol, ya sea bienestar o calamidad. Job conocía esta verdad, pero su esposa tenía un concepto muy distinto de la soberanía de Dios. Mientras Job se postraba en tierra y glorificaba a Dios después de haber perdido a sus diez hijos, diciendo: «Jehová dio, y Jehová quitó; sea el nombre de Jehová bendito» (Job 1:21, RVR1960), su esposa le dijo: «Maldice a Dios y muérete» (Job 2:9). Pero escucha lo que Job le respondió a su mujer: «Hablas como habla cualquier mujer necia. ¿Aceptaremos el bien de Dios, pero no aceptaremos el mal? En todo esto Job no pecó con sus labios» (Job 2:10). La diferencia entre estas dos respuestas radicaba en el conocimiento que cada uno tenía de Dios. ¿Crees tú que Dios es soberano sobre todo y sobre todos?

En su carta a los efesios, Pablo enseña que fuimos creados para alabanza de la gloria de Dios (Ef. 1:14). Si ese es el propósito de nuestra existencia, y reconocemos que todo es de Él y para Él (Ro. 11:33), entonces eso implica que yo debo rendir mi vida incondicionalmente a Sus propósitos; que mi vida debe tener una sola motivación: dar gloria a Dios; y que la mejor forma de proclamar Su soberanía es viviendo para Su gloria. Si todo esto no es suficiente para convencernos de que Dios es soberano sobre todo lo creado, permíteme persuadirte con algunos argumentos más.

Dios es soberano sobre la naturaleza. Fue Él quien abrió las fuentes de las aguas e inundó el planeta, y cuando quiso secarlo, entonces envió un viento recio sobre la faz de la tierra (Gn. 8:1). Dios es soberano sobre el reino animal. Por eso cuando lo necesitó, envió una cantidad enorme de codornices para alimentar al pueblo hebreo en el desierto (Nm. 11:31). Y en otra ocasión hizo que una burra hablara (Nm. 22:28). Dios es soberano sobre las decisiones de los hombres, y aunque el hombre piensa sus pasos, es Dios quien los ordena. Dios es soberano en el ejercicio de Su poder. Por eso, ejerció Su poder para abrir el mar y salvar a los israelitas, y cerró el mar ahogando a los egipcios (Ex. 14). Dios es soberano en el ejercicio de Su gracia. Por eso, cuando Jesús fue al estanque de Betesda, sanó a un solo paralítico y no más (Jn. 5:1-18). Dios es soberano en la elección. Por eso escogió a Israel y a ninguna otra nación; y amó a Jacob, pero aborreció a Esaú (Ro. 9:13). Dios es soberano sobre el ejercicio de la voluntad pecaminosa de los hombres. Por eso, cuando el rey Abimelec de Egipto iba a pecar cometiendo adulterio contra la esposa de Abraham, se le apareció en un sueño y se lo reveló (Gn. 20). Pero cuando David quiso pecar contra Betsabé, Dios no se lo impidió, sino que lo dejó ejercer su voluntad pecaminosa, aunque ciertamente, David fue advertido de que Betsabé era mujer de Urías (2 S. 11:3). La diferencia entre Abimelec y David es que el primero no conocía la ley de Dios ni conocía que Sara tenía esposo. Pero David sí conocía la ley de Dios y sabía que Betsabé tenía esposo. Abimelec no era hijo de Dios, así que Dios le evitó las consecuencias. Pero David era Su hijo, y lo amó a través de la disciplina por su pecado.

Cuando decimos que Dios es soberano no estamos diciendo que el hombre no tiene ninguna responsabilidad sobre su vida o sobre su futuro, y que independientemente de cómo él viva, su vida siempre será la misma porque Dios es quien decide. ¡No! De ninguna manera. El hombre tiene un rol que jugar en Su obrar, pero ese rol siempre estará limitado por la soberanía de Dios. Donde los propósitos de Dios interceptan los propósitos del hombre, ahí se detiene la voluntad del hombre. Algunos han llevado la doctrina del calvinismo a un extremo malsano, enseñando que nada depende del hombre y todo depende de Dios, como si el ser humano fuese una simple marioneta. Pero debemos recordar que la Biblia al mismo tiempo que afirma la soberanía de Dios, también enseña la responsabilidad del hombre. ¿Dónde es que esas dos líneas se cruzan? Solo Dios sabe. Pero afirmamos ambas cosas porque la Biblia lo enseña. De la misma manera que la Biblia nos enseña que Dios responde las oraciones que son hechas conforme a Su voluntad (1 Jn. 5:14); asimismo, Él revela que no tenemos porque no pedimos (Stg. 4:2).

## El veredicto de Su amor

Dios puede hacer todo lo mencionado, porque Él es soberano sobre todo lo creado. Y puede hacerlo porque tiene el derecho, la autoridad, el poder, la sabiduría, la omnisciencia, la bondad y el amor para hacer que todos sus atributos cooperen para el mayor bien de Sus hijos. Recuerda, Su soberanía no es arbitraria. Su soberanía es santa y está respaldada por Su amor. Permíteme concluir este capítulo contándote una historia que leí hace tiempo. La historia está algo modificada debido a la traducción:[23]

La chica tenía 18 años, y él tenía 19 cuando se conocieron. Se enamoraron y un año más tarde estaban casados. Luego de seis años juntos y tres hijos, mientras estaba parada frente al fregadero de la cocina con una pila de platos sucios y otra pila de pañales en el suelo, ella decidió que no podía soportar más. Así que se quitó el delantal, y se fue.

Ella llamaba a su esposo con cierta frecuencia, para saber cómo estaban todos en casa. Él aprovechaba esas ocasiones para decirle cuánto la amaba, y le pedía que por favor regresara. Pero ella se rehusaba. Después de varios días, el esposo decidió contratar a un detective privado con la misión de encontrar a su esposa. La investigación fue efectiva y el reporte decía que la mujer estaba viviendo en un hotel de segunda clase, en Des Moines, Iowa. Así que inmediatamente el esposo empacó su maleta y les pidió a unos vecinos que cuidaran de los niños, mientras él se dirigía a Des Moines. Por fin llegó a la ciudad, encontró el hotel, y logró identificar la habitación donde se hospedaba su esposa. Tocó la puerta con manos temblorosas, pues no sabía qué encontraría ni qué tipo de recepción le esperaría. Ella abrió la puerta y se quedó asombrada, mirándolo en silencio hasta que se lanzó a sus brazos en llanto. Luego del encuentro, emprendieron el camino de regreso a casa. Cuando los niños ya estaban acostados, él le preguntó: ¿Por qué no me dijiste adónde te habías ido? ¿Por qué no querías regresar a casa? Ella le respondió: «Antes, tu amor era solo de palabras. Pero ahora sé cuánto me amas, porque fuiste a buscarme».

---

23. Steve Brown, *If God is in Charge* (Grand Rapids: Raven Rodge Books, 1994), 33-34.

El Dios soberano nos ha hablado de Su voluntad soberana y Su gran amor. Pero no solamente nos habló, sino que lo mostró al venir, despojándose de Su gloria para encarnarse y entregar Su vida sacrificialmente. *Dios les puso piernas a Sus palabras.* Su soberanía es más que palabras. Su encarnación te muestra que tú le importas. Él no necesita nada de ti. Más bien, se entregó por ti y quiere tu mayor bien. Cristo vino y te ofreció Su vida. Por tanto, tú puedes confiar en la soberanía de Su amor.

# Capítulo 7

# El Dios omnipotente

Dios tiene el poder y la habilidad de hacer todo lo que le plazca, conforme a Su infinita sabiduría y Su santa voluntad.[24] En otras palabras, la voluntad de Dios determina lo que quiere hacer. Su sabiduría determina cómo debe hacerse. Y el poder de Dios garantiza que sea hecho. En la Biblia, se nos presenta a Dios como el Todopoderoso dejando en claro que nada le es trabajoso, nada es imposible para Él y nada ni nadie puede frustrar Sus planes. Mira cómo lo describe el evangelista Marcos: «Y verán al Hijo del Hombre sentado a la diestra del Poder y viniendo con las nubes del cielo» (Mr. 14:62). Jesús está sentado «a la diestra del Poder», señala Marcos, como si «Dios» y «Poder» fueran sinónimos.

La traducción de la LBLA usa la palabra «Todopoderoso» para referirse a Dios unas 56 veces y la NVI lo hace con mucha más frecuencia... unas 334 veces. El uso de la palabra todopoderoso refleja, en ocasiones, la traducción del nombre El Shaddai, pero otras veces se usa en las traducciones para reflejar esa capacidad intrínseca a la persona de Dios, que explica...

– por qué a Dios nada le da trabajo
– la razón por la cual nada es un problema para Él
– por qué Dios nunca se ha sentido frustrado.

---

24. Steven Charnock, *The Existence and Attributes of God, Updated and Unabriged* (Wheaton: Crossway, 2022), Edición Kindle, pág. 1107 de 2191.

El despliegue del poder de Dios es evidente a lo largo de todas las Escrituras. Pero quiero que nos enfoquemos en un relato que nos enseña de manera particular sobre Su omnipotencia. El rey Nabucodonosor de Babilonia había invadido el reino de Judá en el año 605 a. C. Volvió a hacerlo en el año 597 a. C. Y lo hizo una tercera vez en el año 586 a. C. En ese momento, el profeta Jeremías estaba anunciando que Jerusalén caería en manos de Nabucodonosor, y que el rey Sedequías sería llevado a Babilonia. Esto disgustó al monarca, quien encarceló a Jeremías en el patio de su casa donde estaba la guardia. Estando preso, Dios prometió a Su pueblo, a través de Jeremías, que regresarían a Jerusalén después de 70 años de cautiverio. Entonces, Jeremías proclamó en forma de alabanza el poder de Dios, quien es poderoso para cumplir todas y cada una de Sus promesas. El profeta quería recordarle al pueblo quién es el Dios que los había librado de Egipto, pero también les recordó que ellos no lo habían honrado. Leamos las palabras del profeta:

> Después de haber entregado la escritura de compra a Baruc, hijo de Nerías, oré al Señor: «¡Ah, Señor Dios! Ciertamente, Tú hiciste los cielos y la tierra con Tu gran poder y con Tu brazo extendido. Nada es imposible para Ti, que muestras misericordia a millares, pero que castigas la iniquidad de los padres en sus hijos después de ellos. Oh grande y poderoso Dios, el Señor de los ejércitos es Su nombre. Él es grande en consejo y poderoso en obras, cuyos ojos están abiertos sobre todos los caminos de los hijos de los hombres, para dar a cada uno conforme a sus caminos y conforme al fruto de sus obras. Tú realizaste señales y portentos en la tierra de Egipto hasta este día, y en Israel y entre los hombres, y te has hecho un nombre, como se ve hoy. Sacaste a Tu pueblo Israel de la tierra de Egipto con señales y portentos, con mano fuerte y con brazo extendido y con gran terror, y les diste esta tierra, que habías jurado dar a sus padres, tierra que mana leche

y miel. Ellos entraron y tomaron posesión de ella, pero no obedecieron Tu voz ni anduvieron en Tu ley. No hicieron nada de todo lo que les mandaste hacer; por tanto Tú has hecho venir sobre ellos toda esta calamidad». (Jer. 32:16-23)

## Lo que Dios puede hacer

Jeremías comienza alabando al Dios que hizo los cielos y la tierra «con Su gran poder». El relato de la creación siempre constituirá una de las mayores evidencias del poder divino, y con razón, porque la creación es tan maravillosa que solo un Dios Todopoderoso sería capaz de hacerlo. El periódico *Boston Globe* publicó una nota que hablaba de la increíble energía del sol: «El sol produce 400 trillones de trillones de vatios por segundo. Para poner esto en contexto, ¡cada segundo el sol produce la misma energía que un billón de bombas de 1 megatón! En un segundo, nuestro sol produce energía suficiente para casi 500 000 años de las necesidades actuales de nuestra llamada civilización».[25] Los estudiosos sugieren que el sol lleva 5 billones de años haciendo esto, y que podría seguir produciendo la misma cantidad de energía durante 5 billones de años más. Y el sol es tan solo uno entre los 200 billones de trillones de astros. ¿Tienes idea de cuánto poder hay en el universo? ¡Nadie podría calcularlo con exactitud! Pero ¿sabes quién está por encima de todo esto? ¡Dios! Todo el poder en el universo depende de Dios. Él es quien lo sostiene con el poder de Su palabra (He. 1:3; Col. 1:16-17) día a día, minuto a minuto, y segundo a segundo.

El poder de Dios nunca disminuye. No se gasta. El profeta Isaías lo describió así: «¿Acaso no lo sabes? ¿Es que no lo has oído? El Dios eterno, el SEÑOR, el creador de los confines de la tierra no se fatiga ni se cansa» (Is. 40:28). Cuando tú pones a un animal a

---

25. http://archive.boston.com/news/science/articles/2005/09/05/how_much_
    energy_does_the_sun_produce/

trabajar, su fortaleza disminuye en la medida que usa su fuerza. Cuando tú pones un motor en funcionamiento, por muy poderoso que sea, llegará un momento en que el combustible se terminará y el motor dejará de trabajar, y con los años de uso, sus piezas acabarán gastándose hasta hacerse inservibles. Pero con Dios no ocurre así, porque lo que Él hace no le representa esfuerzo alguno, y cuando obra no se fatiga como nosotros. Él se limita a hablar, y el poder de Su palabra lo genera todo. Así lo testifica el salmista: «Por la palabra del Señor fueron hechos los cielos, y todo Su ejército por el aliento de Su boca... Porque Él habló, y fue hecho; Él mandó, y todo se confirmó» (Sal. 33:6,9). Su poder hace lo que Su mente concibe.

Eso hace que Su poder sea *sui géneris*, independiente, autosuficiente. ¿Dónde vas a encontrar en todo el universo a alguien con ese tipo de poder? Por eso, leemos en Isaías 46:5 «¿A quién me asemejaréis, me igualaréis o me compararéis para que seamos semejantes?» (LBLA). Así es el poder de Dios. El Creador es completamente diferente a la criatura, porque como sabemos, con frecuencia nuestros deseos son mayores que nuestras fuerzas; pero no ocurre así con Dios. En ocasiones, nosotros queremos actuar, pero no podemos porque nuestros deseos superan nuestras fuerzas. Pero de Dios, en Isaías (46:10) se afirma otra cosa: *haré todo lo que deseo*. «Su poder es tal que Él puede hacer lo que le plazca sin dificultad y sin resistencia; Él no puede ser limitado, restringido o frustrado».[26]

¡Qué inútiles serían los decretos de Dios si Él no pudiera ejecutarlos! De múltiples maneras la palabra reafirma la omnipotencia divina. En Salmos 135:6 se expresa así: «El Señor hace todo lo que quiere en los cielos y en la tierra, en los mares y en todos sus abismos» (NVI). No hay lugar en la creación donde Dios no pueda hacer lo que le plazca. Tampoco hay persona o ser angelical en todo el universo, que pueda oponerse a Su poder.

---

26. Steven Charnock, *The Existence...*, 1108 de 2191.

Antes de que Dios creara el universo, concibió en Su mente lo que quería. Esa es Su voluntad. Luego pensó cómo diseñar un universo tan vasto y perfectamente organizado y calibrado como el nuestro. Esa es Su sabiduría. Dios no necesitó plano alguno para crear el universo ni copia, instrucción o referencia. Su poder realiza lo que Su mente concibe porque es independiente y autosuficiente (Sal. 135:6). Sus propósitos son inalterables y por eso Jeremías reconoce y exalta el poder creador de Dios, sabiendo que el mismo que profetizó el regreso del cautiverio también sería capaz de cumplir esa promesa. El profeta sabía que los propósitos de Dios son inalterables. Por tanto, estas son las palabras con las que él inicia su oración: «¡Ah, Señor Dios! He aquí, tú hiciste los cielos y la tierra con tu gran poder y con tu brazo extendido; nada es imposible para ti» (Jer. 32.17, LBLA).

Por otro lado, es bueno entender que se hace prácticamente imposible separar la omnisciencia de Dios de Su omnipotencia porque para ser omnipotente tiene que ser omnisciente y omnipresente. Para poder hacer todo lo que quiera, absolutamente todo, tiene que saber cómo hacerlo todo. Y esto es la omnisciencia. Pero también se requiere ser omnipresente para hacer todo lo que quiere donde Él quiera, y saber cómo quedó todo organizado al finalizar de crear en cada lugar del universo. Para generar el universo, Dios había de tener un poder ilimitado que pudiera generar la fuerza necesaria para que el universo se formara y sobre todo que se originara de la nada. Dios no necesitó de materia prima alguna para crear con Su poder; de ahí que Él creara el universo *ex nihilo*; de la nada.

## Lo que Dios *no* puede hacer

Cuando hablamos de la omnipotencia de Dios, es necesario hacer algunas aclaraciones. La primera es que, aun siendo Dios omnipotente, hay algunas cosas que Él no puede hacer. ¡Sí, no has leído mal! Hay cosas que Dios no puede hacer porque no puede obrar en contra de Su propia naturaleza. Por ejemplo, no muere porque tiene vida en Sí mismo, y Él mismo es la vida. Jesús afirmó: «Yo soy la resurrección y la vida» (Jn. 11:25). Tampoco miente ni cambia de parecer (Nm. 23:19). Sus pensamientos son siempre perfectos. Dios no puede ser tentado ni tienta a nadie (Stg. 1:13). No puede pecar ni hacer algo inmoral. Su santidad aborrece lo inmoral porque es contrario a Su naturaleza.

Dios no falta a Sus promesas porque no puede negarse a Sí mismo (2 Ti. 2:13). Él juró darles la tierra prometida a los descendientes de Abraham, y así lo hizo. A pesar de la infidelidad de ellos, los llevó hasta la tierra prometida y fueron receptores de Su gran amor y compasión. Pero aun así ellos volvieron al pecado. Por eso, Jeremías escribió: «Grande en consejo y poderoso en obras, cuyos ojos están abiertos sobre todos los caminos de los hijos de los hombres, para dar a cada uno conforme a sus caminos y conforme al fruto de sus obras» (Jer. 32:19). En este pasaje, a Dios se le llama «poderoso» en el sentido de que juzga las acciones pecaminosas de los hombres. Pero no solo es poderoso, sino que también Su ira es poderosa (v. 23). Nehemías 9:32 hace referencia a Dios y lo califica de «Dios grande, poderoso y temible...». Nehemías se refiere a Dios de esta manera en el contexto de la aflicción que había venido sobre ellos por sus pecados. El mundo muchas veces no solo ignora a Dios, sino que también se burla de Dios. Recientemente tuve un intercambio con alguien en las redes sociales que ocurrió más o menos de esta manera:

Yo hice referencia a la ira de Dios.

La persona: Doc, yo pido perdón y después no pasa nada.

Yo: Estás tomando el nombre de Dios en vano. Y Su nombre es grande y temible según Salmos 99:3.

La persona: Me sentaré a esperar las consecuencias.

Yo: Me entristece ver la condición de tu corazón.

La persona: Según mi cardiólogo, mi corazón está bien; mejor ore por mis finanzas.

Yo: ¿O tienes en poco las riquezas de Su bondad, tolerancia y paciencia, e ignoras que la bondad divina te guía al arrepentimiento? Pero a causa de tu terquedad y de tu corazón no arrepentido, estás acumulando ira sobre ti en el día de la ira y de la revelación del justo juicio de Dios (Ro. 2:4-5).

Personas así desconocen el poder de la ira de Dios. La ira del Dios omnipotente puede ser extremadamente severa y duradera... y hasta eterna, como descubrirán aquellos que vayan a una eternidad de condenación.

Jeremías se refiere a los israelitas al entrar en la tierra prometida en el v. 23 del texto que sirve de base al inicio de este capítulo: «Y ellos entraron y tomaron posesión de ella, pero no obedecieron tu voz ni anduvieron en tu ley; no hicieron nada de todo lo que les mandaste hacer; por tanto, tú has hecho venir sobre ellos toda esta calamidad» (32:23, LBLA). Esa calamidad de la que habla Jeremías ha durado hasta el día de hoy. Es parte del poder de Su justicia.

En otro relato, el profeta Isaías también nos habla del poder de Dios manifestado en Su justicia: «Este es el consejo que está acordado sobre toda la tierra, y esta, la mano extendida sobre todas las naciones. Porque Jehová de los ejércitos lo ha determinado, ¿y quién lo impedirá? Y su mano extendida, ¿quién la hará retroceder?» (Is. 14:26-27, RVR1960). La iglesia de hoy necesita recordar esto, tal como lo afirmó uno de los grandes teólogos del pasado reciente: «La iglesia no refleja la gloria del Dios del universo, así como una vela encendida al mediodía tampoco puede reflejar la gloria del sol». Entiendo que esta cita corresponde a A.W. Pink en uno de sus escritos.

Por otro lado, es bueno aclarar también que el hecho de que Dios sea omnipotente no implica que Dios tiene que hacer todo lo que Él puede hacer. En otras palabras, Dios pudiendo hacer algo, puede elegir no hacerlo, y ese es un concepto sumamente importante para la vida cristiana. Cuando la oración de un creyente es cuestionada por alguien más, la respuesta o pensamiento común es: «¿Y por qué no? Si Dios es todopoderoso». Pero al pensar de esta manera estamos olvidando que la pregunta más importante no es si Dios puede hacer algo, porque sabemos que en efecto Él puede hacerlo. La pregunta es, si Dios *quiere* hacerlo. El hecho de que Dios pueda hacer algo, no implica que Él va a hacerlo o que quiera hacerlo. Él puede restringir Su poder en aras de Sus propósitos. Por ejemplo, Dios no removió el aguijón en la carne del apóstol Pablo para que él no se enalteciera. Pero no fue porque no pudiera removerlo. La omnipotencia de Dios está al servicio de los propósitos de Dios, y no de los caprichos del hombre.

## Las implicaciones de su omnipotencia

¿Cuáles son las implicaciones para el creyente de que Dios posea poder absoluto? Permíteme compartirte al menos cinco implicaciones de la omnipotencia de Dios.

*1) La omnipotencia de Dios asegura que Él cumplirá Su palabra.* Un Dios omnisciente puede predecir el futuro. Pero solo un Dios omnipotente puede hacer cumplir lo que Él predice y lo que promete. Como Dios hace todo cuanto Él desea, eso implica que el creyente verdadero puede estar seguro de que todo cuanto Dios le ha prometido será cumplido, porque no hay un solo deseo que Dios tenga que no vaya a cumplir. Dios nunca ha tenido un deseo que Él no haya llevado a cabo. La única forma en que Dios puede garantizar Sus promesas es si Él es omnipotente. De otra forma, lo único que Él puede hacer es desear que así sea, pero no lo puede garantizar.

*2) Su omnipotencia garantiza mi salvación.* El apóstol Pablo le dijo a los filipenses que estaba convencido que «el que comenzó en ustedes la buena obra, la perfeccionará hasta el día de Cristo Jesús» (Fil. 1:6). Dios comenzó mi salvación, y Su poder ilimitado es la garantía de que la completará hasta que entre a Su presencia. Mi salvación está garantizada por el poder ilimitado de Dios. Por tanto, Su omnipotencia no solo es un concepto teológico, sino que es algo sumamente práctico. Si soy un verdadero creyente, Su poder me conforta y me da tranquilidad, en lugar de amedrentarme. Me llena de esperanza porque todo cuanto Cristo ha prometido será cumplido, porque nada ni nadie puede interferir con lo que Él se propone. Pablo estaba tan convencido de esta realidad, que le escribe a Timoteo diciéndole: «Porque sé en quién he creído, y estoy seguro de que tiene poder para guardar hasta aquel día lo que he dejado a su cuidado» (2 Ti. 1:12, NVI). En esto consiste la seguridad de nuestra salvación. Judas lo dice de otra forma: «Y a aquel que es poderoso para guardaros sin caída y para presentaros sin mancha en presencia de su gloria con gran alegría, al único Dios nuestro Salvador, por medio de Jesucristo nuestro Señor, sea gloria, majestad, dominio y autoridad, antes de todo tiempo, y ahora y por todos los siglos. Amén» (Jud. 1:24-25, LBLA). La seguridad eterna del creyente radica en la omnipotencia de Dios.

*3) La omnipotencia de Dios me da paz en medio de las peores circunstancias.* El poder de Dios es superior a Su creación. Él tiene el poder para abrir los mares, detener los ríos y calmar las aguas tempestuosas. Cuando los discípulos presenciaron el poder de Dios sobre Su creación, quedaron atónitos Esa fue la ocasión cuando estando ellos navegando se desató una tormenta; Cristo estaba durmiendo y ellos van donde Él y les dicen: «Maestro, ¿no te importa que perezcamos?». Cristo los reprende por su poca fe y reprende al viento y al mar dice: «¡Cállate, sosiégate! Y el viento cesó, y sobrevino una gran calma» (Mr. 4:35-40, LBLA). La respuesta inmediata de los discípulos fue: «¿Quién es este que aun los vientos y el mar le obedecen» (Mt. 8:27, LBLA). Los discípulos no estaban familiarizados con este tipo de poder y de autoridad. Ese día quedaron atónitos.

Ellos no estaban familiarizados con este tipo de poder y de autoridad. Una de las bendiciones de conocer el poder de Dios es que vivimos en paz porque Él pone Su poder al servicio de los Suyos. Pero lo contrario también es cierto. Una de las consecuencias de no conocer la omnipotencia de Dios es el temor que experimentamos continuamente en la vida. Si el poder de Dios se extiende sobre su naturaleza, eso significa que puedo estar tranquilo y confiar en Él, aún frente a los desastres naturales, porque Él tiene control sobre todo.

*4) La omnipotencia de Dios me da seguridad frente a Satanás.* No debemos olvidar que el poder de Dios se extiende también sobre el mundo de las tinieblas. En los Evangelios encontramos varios relatos donde Jesús se enfrentó a personas poseídas por espíritus inmundos, a quienes expulsaba con el poder de Su palabra (Mr. 1:23-25). Incluso Su presencia atemorizaba a los demonios, y Su voz era suficiente para expulsarlos. En las palabras de Jesús vemos el poder en acción y la autoridad obedecida. Los demonios no intentan resistirse a la autoridad de Jesús, solo lo hacen los seres humanos, incluidos los creyentes que pecan y siguen pecando, conociendo que están en violación de Su ley.

*5) La omnipotencia de Dios se extiende sobre los gobiernos de la tierra.* Las naciones no escriben su propia historia. Dios lo hace. Él es quien domina sobre el reino de los hombres; quien pone y quita reyes (Dn. 4:17; Is. 40:15). El salmista nos recuerda que Dios hace nulo el consejo de las naciones y frustra los designios de los pueblos (Sal. 33:10). Incluso, todos tus días fueron contados ¡antes de que llegaras a existir! (Sal. 139). Si todo esto es cierto, ¿cómo debemos responder a Su omnipotencia? La única respuesta es el sometimiento y la obediencia. Con frecuencia insistimos en hacer nuestra voluntad por encima de la omnipotencia de Dios. Pero Él nos recuerda que nadie puede desafiar Su poder, sin sufrir las consecuencias. Y hay veces que, en Su misericordia soberana, incluso nos permite desafiar Su poder para que lleguemos a entender lo inútil de actuar así (Jer. 49:19). Dios gobierna las vidas de los hombres.

Si Dios no fuera omnipotente, Sus promesas serían palabras esperanzadoras, pero inservibles. Sus advertencias de juicio sobre el pecado serían simples alardes. Sin embargo, Dios ha mostrado Su poder de muchas maneras, como hemos visto. Pero particularmente,

Su omnipotencia se ha puesto de manifiesto en el plan de redención (Gn. 3:15). En su libro *Our Awesome God* (Nuestro maravilloso
Dios), el pastor John MacArthur escribió:

> La redención fue aún una mayor demostración del poder de
> Dios que la creación misma. Aparentemente no hubo opo-
> sición cuando Dios creó. Pero en la redención Satanás tuvo
> que ser sometido, la muerte tuvo que ser conquistada y hubo
> que tratar con el pecado. Dios entonces escogió lo débil del
> mundo para avergonzar a lo fuerte (1 Co. 1:27). Dios envió
> a gente común al mundo a predicar las buenas nuevas de
> salvación. Y en poco tiempo voltearon el mundo con lo de
> abajo para arriba. (Hch. 17:6)[27]

---

27. John MacArthur, *Our Awesome God* (Wheaton: Crossway), Edición Kindle,
pág. 88 de 196.

# CAPÍTULO 8

# EL DIOS OMNISCIENTE Y OMNIPRESENTE

El Salmo 139 describe con mucha claridad la omnisciencia y la omnipresencia de Dios, los dos atributos que estudiaremos en este capítulo. En este pasaje encontramos una teología profunda, explicada en términos sencillos. Una sabiduría divina que nos habla de la grandeza del Dios al que adoramos y una enseñanza sumamente práctica, a pesar de lo asombrosa que es. El salmista nos ayuda a entender cuál es el propósito de la teología, en especial, la teología bíblica. Dios se revela en Su Palabra para que Su pueblo lo conozca. Al conocerle, ellos sabrán cómo relacionarse con Él y caminar en la luz, reflejando la imagen de Dios a los incrédulos y disfrutando de todas Sus bendiciones. Dios no hizo una revelación teológica complicada para una élite de intelectuales y académicos, sino para todos Sus hijos.

## La omnisciencia de Dios nos acerca

Este salmo ha sido atribuido a David, aunque algunos han cuestionado su autoría. Independientemente de quién lo haya escrito, observamos que el autor conocía a su Dios de un modo íntimo. Este conocimiento de Dios le daba seguridad y fortaleza, pero a otros los llenaba de terror ver los alcances y las implicaciones de la omnisciencia y la omnipresencia de Dios. Veamos este salmo en porciones, comenzando con los seis primeros versículos.

Oh Señor, Tú me has escudriñado y conocido.
Tú conoces mi sentarme y mi levantarme;
Desde lejos comprendes mis pensamientos.
Tú escudriñas mi senda y mi descanso,
Y conoces bien todos mis caminos.
Aun antes de que haya palabra en mi boca,
Oh Señor, Tú ya la sabes toda.
Por detrás y por delante me has cercado,
Y Tu mano pusiste sobre mí.
Tal conocimiento es demasiado maravilloso para mí;
Es muy elevado, no lo puedo alcanzar.

Probablemente este sea el pasaje que más profunda y explícitamente nos habla de la omnisciencia y la omnipresencia del Dios creador. La manera en que el salmista se dirige a Dios por Su nombre en dos ocasiones, y luego usa otras diez veces más pronombres para aludir al Señor, nos muestra la intimidad y la cercanía con la que le habla a su creador. En cierta medida, su propósito es que otros lleguen a conocer a Dios como él lo había llegado a conocer, y así pudieran rendir sus vidas al Señor en adoración.

El texto comienza diciendo: «Oh Señor, Tú me has escudriñado y conocido» (v. 1). La simple expresión «Oh» nos deja ver la reverencia y el asombro con los que el salmista se dirige a Dios. La palabra traducida «escudriñado» significa literalmente *ser perforado*, o de forma más explícita, *ver a través de algo*. Lo que el salmista estaba afirmando es que Dios vio a través de él, y llegó a conocer lo que estaba en su interior. En otras palabras, Él conoce mis pensamientos, mis motivaciones, mis acciones del pasado, mis planes futuros y las razones por las cuales los he planificado, entre otras cosas. Dios me conoce perfectamente al punto que no hay nada en mi interior que Él no conozca. Nada en mi pasado que no haya visto y recordado. Nada en mi presente que Él no conozca o en mi futuro que Él no haya previsto. El autor del salmo está tratando de describir la omnisciencia de Dios en términos personales y aplicables a cada persona. Él conoce a cada uno de los habitantes de la tierra, y todas las realidades que yo acabo de enumerar del conocimiento individual que Dios tiene de nosotros, también es cierto para los ocho billones de personas que existen en el mundo. Es más, Dios conoce cosas de mi presente de las cuales yo no soy consciente. Dios conoce cosas de mi futuro que yo ni siquiera he pensado todavía. Dios conoce cosas de mi pasado que yo no recuerdo. Y Dios conoce las cosas de las cuales yo ni me enteré.

En su libro sobre los atributos de Dios, A.W. Pink define la omnisciencia de Dios de esta manera:

> Dios es omnisciente. Él lo conoce todo: todo lo posible, todo lo actual, todos los eventos y todas las criaturas, del pasado, del presente y del futuro. Él está perfectamente familiarizado con cada detalle en la vida de cada ser en el cielo, en la tierra, y en el infierno. Él conoce lo que está en la oscuridad (Dn. 2:22). Nada escapa a su conocimiento, nada puede ser escondido de Él, nada es olvidado por Él. Bien podríamos decir con el salmista: «Tal conocimiento es demasiado maravilloso para mí; es muy elevado, no lo puedo alcanzar» (Sal. 139:6). Su conocimiento es perfecto. Nunca comete un error, nunca cambia, nunca pasa nada por alto. «No hay cosa creada oculta a Su vista, sino que todas las cosas están al descubierto y desnudas ante los ojos de Aquel a quien tenemos que dar cuenta».[28] (He. 4:13)

El salmista prosigue: «Tú conoces mi sentarme y mi levantarme» (v. 2). Es decir, Dios conoce cada movimiento que nosotros hacemos por casual o insignificante que parezca. Por ejemplo, Dios sabe dónde

---

28. A. W. Pink, *The Attributes of God* (Nashville: Thomas Nelson, 1982), Loc 297 of 2133.

estacionaste tu vehículo o, para los que viajan en Uber, Él conoce la hora a la que te subiste al vehículo, la hora y el lugar donde te apeaste, el nombre del chofer, y también sabe a qué ibas a ese lugar. Cuando nos detenemos a reflexionar en estos detalles, ¡resulta algo increíble! Probablemente el salmista se sentía seguro al saber que tenía un Dios omnisciente, porque esto le daba un sentido de protección. Pero cuando no andamos en los caminos de Dios, Su omnisciencia debería atemorizarnos. La idea que el salmista está tratando de transmitir es de seguridad. Él se siente seguro en su relación con Dios por la manera tan íntima como Él está al tanto de todo, y por consiguiente, no tiene nada de qué preocuparse. Y como no tiene nada que probar u ocultar, tampoco tiene nada que temer. El salmista está tratando de motivarnos a vivir confiados en un Dios que está pendiente de nuestras vidas, sea que andemos en la luz o en la oscuridad.

La omnisciencia de Dios no se limita a un conocimiento superficial de nuestros movimientos. El salmista nos ayuda a entender cuán exhaustivo es el conocimiento de Dios, y por eso concluye el versículo diciendo: «Desde lejos comprendes mis pensamientos» (v. 2). Dios no solo conoce todos nuestros movimientos, sino que Él también conoce y comprende todos mis pensamientos. Una cosa es conocer lo que pienso, lo cual podría ser simplemente información. Pero otra cosa es comprender lo que estoy pensando, lo cual involucra las motivaciones y las pretensiones de mis pensamientos. Esto es tan profundo y complejo que a veces ni siquiera nosotros mismos entendemos lo que estamos pensando, pero Dios sí. Jesús aseguró que Él, como miembro de la Trinidad, conocía los pensamientos de los hombres. En una ocasión sanó a un hombre paralítico y perdonó sus pecados. Algunos de los escribas que estaban presentes, pensaron en sus corazones, «Está blasfemando; ¿quién puede perdonar pecados, sino solo Dios?» (Mr. 2:7). Pero «Al instante Jesús, conociendo en Su espíritu que pensaban de esa manera dentro de sí mismos, les dijo: «¿Por qué piensan estas cosas en sus corazones?» (Mr. 2:8; cf. Lc. 16:15).

Nuestros pensamientos no escapan al conocimiento de Dios. Esta idea se amplía en el siguiente versículo del Salmo 139: «Tú escudriñas mi senda y mi descanso, y conoces bien todos mis caminos» (v. 3). Dios examina de manera minuciosa nuestros senderos y nuestro descanso, incluido nuestro tiempo de ocio y entretenimiento, porque como afirma el salmista, Dios conoce todos mis caminos. Permíteme darte algunos ejemplos. Cuando Adán y Eva comieron del fruto prohibido, Dios lo supo inmediatamente y les pidió cuentas. Cuando Caín mató a su hermano Abel, nadie lo vio. Pero Dios lo llamó y le hizo rendir cuentas. Cuando Sara se rio de la promesa de Dios al considerar su vejez y la imposibilidad de tener un hijo, ella estaba sola en su tienda. Pero Dios la vio, la oyó, y la llamó a cuentas. Cuando Acán tomó a escondidas del botín de Jericó, Dios lo vio e hizo justicia a él y a su familia. Cuando el rey David adulteró con Betsabé en la oscuridad de la noche, Dios lo vio. Pero también supo cada detalle del plan de David para asesinar a Urías, el esposo de Betsabé. Y tú seguramente recuerdas cómo terminó esa historia.

Dios le dijo al pueblo de Israel, a través del profeta Oseas, que «ellos no consideran en su corazón que Yo recuerdo toda su maldad. Ahora les rodean sus hechos, ante Mi rostro están» (Os. 7:2). Él se refería a hechos pasados que muchos ya habían olvidado, pero que Dios aún recordaba. Hay eventos de mi vida que yo no recuerdo, sean buenos o malos, pero Dios sí tiene memoria de ellos, y todos daremos cuenta ante el tribunal de Cristo por lo que hayamos hecho, sea bueno o sea malo (2 Co. 5:10). Ahora el salmista amplía esta idea diciendo que «aun antes de que haya palabra en mi boca, Oh Señor, Tú ya la sabes toda» (v. 4). Se calcula que cuarenta billones de personas han existido en la historia de la humanidad hasta ahora. ¿Puedes ver la inmensurable omnisciencia de un Dios que toma en cuenta cada palabra de cada persona en el mundo y a lo largo de la historia pasada, presente y futura?

# La omnisciencia de Dios nos humilla

El Señor no solo conoce con detalle y profundidad a los que son Suyos, sino que también está presente con ellos. Así es como el salmista lo afirma en el siguiente versículo: «Por detrás y por delante me has cercado, y Tu mano pusiste sobre mí» (v. 5). La palabra traducida como «cercado» comunica la idea de una ciudad que ha sido sitiada. En otras palabras, Dios rodea la vida de Sus hijos para protegerlos. En el relato de Job leemos esta misma verdad, cuando Satanás argumenta que Job es intachable y recto porque Dios había puesto «una valla alrededor de él, de su casa y de todo lo que tiene, por todos lados» (Job 1:10). Esta verdad también es cierta para nosotros hoy. Tenemos a Cristo a nuestro lado, enfrente, a nuestra espalda, por encima de nosotros, por debajo de nosotros, y aún dentro de nosotros por medio del Espíritu Santo. Esa es la razón por la cual David se abruma, diciendo: «Tal conocimiento es demasiado maravilloso para mí; es muy elevado, no lo puedo alcanzar» (v. 6). ¡Así es la omnisciencia de Dios! A.W. Tozer escribió de la omnisciencia de Dios, diciendo:

Dios nunca ha aprendido de ninguna persona. Dios no puede aprender. Si Dios pudiera recibir conocimiento en cualquier momento, en cualquier forma, que él no posea, o que no haya poseído desde la eternidad, el sería imperfecto y mucho menos que Él mismo. Pensar en un Dios que tiene que sentarse a los pies de un maestro, aunque ese maestro sea un arcángel o un serafín, es pensar en alguien que estaría por encima del Dios Altísimo, Creador del cielo y de la tierra...

Dios conoce instantáneamente y sin ningún esfuerzo, cada asunto y todos los asuntos, cada mente y todas las mentes, todo espíritu y todos los espíritus, todos los seres y cada ser, toda criatura, toda pluralidad y todas las pluralidades, todas las leyes y cada ley, todas las relaciones, todas las causas, todos los pensamientos, todos los misterios, todos los enigmas, todos los sentimientos, todos los deseos, cada secreto que no ha sido revelado, todos los tronos y dominios, todas las personalidades, todas las cosas visibles e invisibles en el cielo y en la tierra, cada movimiento, espacio, tiempo, vida, muerte, bueno, malo, el cielo y el infierno...

Porque Dios conoce todas las cosas perfectamente; Él no conoce nada mejor que otra cosa, sino que conoce todas las cosas igual de bien. Él nunca descubre nada, nunca es sorprendido y nunca es asombrado. Nunca se pregunta, no busca información ni hace preguntas.[29]

Dios nunca ha aprendido nada. Nosotros aprendemos por observación, razonamiento, comparación, experiencia y, a veces, por inducción o deducción. Pero Dios no necesita nada de esto. Él simplemente sabe lo que sabe desde toda la eternidad. Tozer afirma que Dios conoce instantáneamente todas las cosas, a diferencia de nosotros que aprendemos una cosa a la vez. Primero, aprendemos Matemáticas 101, luego Matemáticas 102, y luego Cálculo 101, Cálculo 102, y así sucesivamente. Pero el conocimiento de Dios no es acumulativo ni progresivo, sino exhaustivo. El salmista declara que el conocimiento o entendimiento de Dios es infinito (Sal. 147:5). Y lo asevera porque Él sabe que:

Dios no solamente conoce lo que ha ocurrido en el pasado en cada lugar de su vasto dominio, y que Él no solamente está enterado de cada cosa que está ocurriendo por el universo entero, sino que también está en conocimiento de cada evento, desde el más pequeño al más grande que acontecerá en todos los tiempos por venir. El conocimiento de Dios

---

29. A. W. Tozer, *The Knowledge of the Holy* (San Francisco: Harper & Row Publisher, 1961), 55-56.

del futuro es tan completo como su conocimiento es completo del pasado y del presente, y eso es así porque el futuro depende completamente de él.[30]

Reflexionar en este conocimiento que nosotros ni siquiera podemos llegar a conceptualizar, debiera llevarnos a una actitud de humildad, reconociendo que todo el conocimiento humano y colectivo no se acerca remotamente al conocimiento y la sabiduría de nuestro Dios. Pero aún así escuchamos a hombres de ciencia, comunes y mortales, enorgullecerse por lo mucho que saben, cuando en realidad mucho de lo que saben es errado. Nuestro conocimiento comparado con el conocimiento de Dios es como una gota en medio de todos los océanos de la tierra.

## La omnisciencia de Dios nos impulsa a la santidad

La omnisciencia de Dios no solo debe llevarnos a la humildad, sino también a una vida de santidad. Si Él conoce todos mis pensamientos, todos mis sentimientos, todas mis palabras, todos mis movimientos y todas mis intenciones, eso debería motivarnos a vivir con un temor reverente del Dios que conoce más de mí de lo que yo mismo podría llegar a conocer. Él conoce todas las tentaciones que han llegado a tu vida. Todas las tentaciones que podrían haber llegado, pero que Él evitó. Todas las tentaciones que vendrán el día de mañana. Todas las tentaciones que pudiste haber soportado y vencido, pero que no hiciste porque no quisiste. Y todas las tentaciones que Él estará evitándote mañana para que no lleguen hasta ti. Eso debe motivarnos a vivir de una manera piadosa. La misma

---

30. Sam Storms, 10 cosas que deberías saber sobre la omnisciencia de Dios, https://www.coalicionporelevangelio.org/articulo/10-cosas-que-deberias -saber-sobre-la-omnisciencia-de-dios/

doctrina del conocimiento de Dios que nos hace vivir con un temor reverente, es la doctrina que debe conducirnos a vivir en completa seguridad, reconociendo que nada se escapa del conocimiento y control de Dios.

Es vital entender la omnisciencia de Dios a la luz de la Biblia, porque en años recientes algunos han abrazado la denominada *Teología Abierta*, la cual postula que Dios no conoce el futuro y que la Biblia en ningún momento enseña algo semejante. Algunos de sus proponentes afirman que la soberanía Dios se ve limitada con la creación de personas con libre albedrío. También afirman que el poder de Dios llega hasta donde comienza la voluntad del hombre; y que Dios mismo fue quien dio ese límite. La Teología Abierta proclama que el conocimiento de Dios está limitado al pasado y al presente, porque Dios no puede percibir las decisiones que nosotros, como agentes libres, vamos a tomar en el futuro. Por lo tanto, Dios siempre está dispuesto a cambiar de planes cuando sea necesario, pues aun las profecías son inciertas. Más bien estas se basan en lo que Dios espera que ocurra, bajo una serie de circunstancias que Él conoce, pero no tiene garantías de que sucedan. Esta falsa teología nos presenta un cuestionamiento a la omnisciencia de Dios. Pero obviamente no es el Dios de la Biblia; y, por consiguiente, tampoco es el Dios del Salmo 139. Al ser humano no le gusta la idea de un Dios que conoce todos sus pasos, todos sus movimientos, todos sus pensamientos, todas sus intenciones, todas sus decisiones, todas sus palabras, todos sus planes, todos sus deseos y todas sus maquinaciones. Pero discernir Su omnisciencia nos invita a reconocer nuestra pequeñez, a humillarnos ante Su grandeza y a vivir en santidad.

## La omnipresencia de Dios nos rodea

Luego de profundizar en la omnisciencia de Dios, el salmista pasa a hablarnos de Su omnipresencia.

¿Adónde me iré de Tu Espíritu,
O adónde huiré de Tu presencia?
Si subo a los cielos, allí estás Tú;
Si en el Seol preparo mi lecho, allí Tú estás.
Si tomo las alas del alba,
Y si habito en lo más remoto del mar,
Aun allí me guiará Tu mano,
Y me tomará Tu diestra. (Sal. 139:7-10)

De manera poética, el salmista usa diferentes figuras o escenarios para referirse a la misma idea: ¡no puedes huir de Dios, porque Él lo llena todo! Él no puede ser contenido (1 R. 8:27). Dios es trascendente, es decir, que existe fuera del tiempo y del espacio, pero Su esencia o Su ser penetra todo el espacio y controla todo el tiempo. Las Escrituras declaran que Dios es infinito, y como es infinito, no hay lugar donde Él no esté presente ni en el cielo, ni en la tierra, ni en el infierno. Por eso David explica: «Si subo a los cielos, allí estás Tú; Si en el Seol preparo mi lecho, allí Tú estás» (v. 8).

En el cielo, los ángeles sienten Su presencia y se regocijan. En el infierno, los condenados sienten Su presencia y allí experimentan en el llanto y el crujir de dientes. La presencia de Dios puede ser motivo de gran contentamiento para los que lo conocen, pero también de gran resentimiento para aquellos que no quieren andar conforme a Su voluntad. El profeta Jonás intentó huir de la presencia de Dios, pero se lo encontró en el barco hacia Tarsis, en la tormenta, en el mar, en el vientre del pez, y aun en la ciudad de Nínive cuando fue a cumplir su misión. Por eso, el profeta Jeremías escribió: «"¿Podrá alguien esconderse en escondites de modo que Yo no lo vea?", declara el Señor. "¿No lleno Yo los cielos y la tierra?", declara el Señor» (Jer. 23:24). Por eso decimos que siempre habrá uno más entre las llamas, como experimentaron los amigos de Daniel. Siempre habrá uno más sobre las aguas, como lo experimentó Pedro cuando caminó en medio de la tormenta, empoderado por Cristo.

El salmista continúa ampliando la idea: «Si tomo las alas del alba, Y si habito en lo más remoto del mar, Aun allí me guiará Tu mano, Y me tomará Tu diestra» (vv. 9-10). Estas no son más que formas poéticas de expresar exactamente lo mismo. No hay lugar de la creación que Dios no habite. Para que Él pueda conocerlo todo, necesita estar en todo lugar. Para que Dios sea omnipotente y capaz de hacer todo cuanto Él desea, necesita ser al mismo tiempo omnisciente y omnipresente. Si Él lo conoce todo y está en todo lugar, entonces puede hacer todo cuanto Él quiera.

El atributo de la omnipresencia de Dios podría resultar confuso ante las palabras del profeta Isaías, cuando escribió: «Pero las iniquidades de ustedes han hecho separación entre ustedes y su Dios, Y los pecados le han hecho esconder Su rostro para no escucharlos» (Is. 59:2). ¿Acaso Isaías está sugiriendo que Él se apartará del pecador, de modo que su rostro ya no lo verá? Estas son maneras antropocéntricas del lenguaje para ayudarnos a entender que nuestras iniquidades nos impiden sentir la presencia de Dios, trayendo como resultado que Dios no quiera oír nuestras oraciones ni responder con favor hacia nosotros. Pero en términos de Su presencia, Él está tan cerca cuando vivimos en obediencia como cuando estamos en pecado, porque es omnipresente.

En su argumento, el salmista usa otra expresión para ayudarnos a ver lo inútil que es tratar de escondernos de Dios. En la Biblia encontramos ejemplos de hombres que trataron de esconderse de Él en medio de la noche, lo cual es ilógico. Mira este relato del profeta Isaías:

Ay de los que van muy hondo
Para esconder sus planes al Señor,
Y realizan sus obras en tinieblas
Y dicen: «¿Quién nos ve? o ¿Quién nos conoce?».
¡Qué equivocación la suya! (Is. 29:15-16)

A este tipo de conducta se refiere el salmista, cuando escribe:

Si digo: «Ciertamente las tinieblas me envolverán,
Y la luz a mi alrededor será noche»;
Ni aun las tinieblas son oscuras para Ti,
Y la noche brilla como el día.
Las tinieblas y la luz son iguales para Ti. (Sal. 139:11-12)

El ojo humano necesita diferentes células para ver de día o de noche. La retina tiene alrededor de cien millones de células llamadas bastones, las cuales sirven para ayudarnos a ver de noche. Pero también tiene alrededor de 7 millones de células llamadas conos, que nos ayudan a ver bajo alta luminosidad o a plena luz del día. Tan pronto el ojo entra en un área de oscuridad, el cerebro recibe esta información y ordena al organismo producir una sustancia llamada rodopsina que aumenta la capacidad de visión hasta cien mil veces. Aunque esto resulta asombroso, es aún más maravilloso saber que Dios no necesita bastones ni conos, pues el salmista declara que «ni aun las tinieblas son oscuras para Ti, y la noche brilla como el día. Las tinieblas y la luz son iguales para Ti» (Sal. 139:12). La omnipresencia y la omnisciencia de Dios se combinan para que ni la noche ni el día hagan ninguna diferencia para Él.

## La omnipresencia de Dios nos prueba

Escudríñame, oh Dios, y conoce mi corazón;
Pruébame y conoce mis inquietudes.
Y ve si hay en mí camino malo,
Y guíame en el camino eterno. (Sal. 139:23-24)

En esta última porción, el salmista le está pidiendo a Dios que haga un escrutinio de su vida por si encuentra algún indicio de iniquidad en su interior, pues su deseo es que Dios lo limpie para ser guiado en el camino eterno. El salmista era consciente de lo perverso que puede ser el corazón humano y de lo autoengañados que podemos estar. Sabe que nuestro pecado suele engañarnos a nosotros mismos, y a los demás. Por esa razón no confía en sí mismo para hallar la iniquidad en su interior.

Si fue David quien compuso este salmo, después de su pecado con Betsabé, no lo sabemos. Pero si ese fuera el caso, entonces David está aún más apercibido de la manera como su pecado lo había engañado hasta esconderlo, haciéndole creer que nada había pasado y agravando su pecado delante del Dios que todo lo sabe. Por lo tanto, ya no podía seguir confiando en sí mismo para determinar si estaba caminando en la luz o en la oscuridad. El salmista pide «escudríñame», pero después usa dos palabras claves: para ver si hay iniquidad o evidencias de algún camino malo en su interior.

Hallar la iniquidad en nuestro corazón es un trabajo que hace el Espíritu de Dios, no nuestra carne ni la sabiduría humana. El pastor y teólogo reformado del pasado reciente, James Montgomery Boice escribió lo siguiente acerca de este salmo:

> Bendito el cristiano que ora de esta manera todos los días... que se coloca a sí mismo en la presencia del Dios que todo lo conoce, que se para en Su luz y está dispuesto a que cualquier cosa y cada cosa que no esté bien sea traída a la luz para ser juzgada [por Dios]. Ese es el verdadero caminar en la luz. Aun los pensamientos necesitan ser tratados así. Y en el Nuevo Testamento se expresa de esta manera, en este sabio versículo: «Poniendo todo pensamiento en cautiverio a la obediencia de Cristo» (2 Co. 10:5). [Si hacemos esto], entonces existiría la voluntad de poner a un lado cualquier cosa que ofenda a Dios y a su Espíritu, para ser guiados en el camino eterno.[31]

---

31. James Montgomery Boice, *Psalms, Vol. 3* (Grand Rapids: Baker Books, 1998), 1212.

La omnipresencia de Dios nos invita a rendirnos ante el Dios que todo lo conoce, aun lo más íntimo de nuestro ser; y que todo lo ve, aun en lo más oscuro de nuestro andar. Pero también nos ofrece la oportunidad de ser transformados por Aquel que escudriña con amor y justicia nuestros corazones con el fin de guiarnos por el camino eterno. Que estas palabras del salmista sean también nuestra oración mientras nos acercamos, le conocemos y caminamos en pos de Él.

# CAPÍTULO 9

# EL DIOS ETERNAMENTE SABIO

En el capítulo anterior hablamos de la omnisciencia de Dios, es decir, de Su conocimiento perfecto de todas y cada una de las cosas en Su creación. Pero no se trata de un conocimiento general, sino del conocimiento de cada cosa potencialmente conocible, independientemente del tiempo, hasta el más mínimo detalle. Dios conoce cada uno de nuestros movimientos, cada paso que damos, cada palabra que decimos, cada pecado, tanto los que admitimos y confesamos, como también aquellos que hemos querido ocultar.

La omnipresencia de Dios es parte de la razón por la cual Dios lo conoce todo, pues Su presencia trasciende el tiempo y el espacio. No hay un lugar donde Dios no haya estado o no pueda estar o no esté. No hay un tiempo que Dios no conozca, ya sea pasado, presente o futuro. ¿No te impulsan estos atributos a vivir de manera más piadosa, transparente y veraz ante Él? La intención de estudiar el carácter de Dios no es convertirnos en teólogos o personas inteligentes y astutas. Más bien anhelamos que este conocimiento nos impulse a ser transformados a la imagen de Cristo, mientras contemplamos quién es Él, tal como afirmó el apóstol Pablo: «Pero todos nosotros, con el rostro descubierto, contemplando como en un espejo la gloria del Señor, estamos siendo transformados en la misma imagen de gloria en gloria, como por el Señor, el Espíritu» (2 Co. 3:18).

En este capítulo quiero hablarte de la sabiduría de Dios. Pero antes, es importante que establezcamos la diferencia entre Su omnisciencia y Su sabiduría. Su omnisciencia está relacionada con el conocimiento absoluto de todas las cosas. Es pura información. En cambio, la palabra sabiduría es la traducción del vocablo hebreo *kjokmá* y del griego *sofía,* que significan tener habilidad.[32] Por lo tanto, la sabiduría de Dios es la capacidad que Él tiene de usar los mejores medios o instrumentos para alcanzar los mejores propósitos deseados, de manera que traiga gloria a Su nombre y al mismo tiempo los mejores beneficios para aquellos que son verdaderamente hijos de Dios.

La sabiduría de Dios es infinita (Ef. 3:10). Él concibió sabiamente toda la historia del mundo desde la eternidad pasada y, por lo tanto, nunca se verá en la necesidad de cambiar Su plan (Is. 46:10). Sus planes se cumplirán porque Él es sabio, pero también es omnisciente, omnipotente y benevolente para desear el mejor beneficio para los Suyos. Un Dios sin sabiduría infinita no podría manejar toda la información que tiene en Sus manos, y tampoco sabría cómo usarla para alcanzar lo que desea. Sin sabiduría no puede hacer cumplir Su voluntad de la mejor manera posible, y terminaría confundido o frustrado con todo el conocimiento que posee, llegando incluso a ser objeto de burla de los hombres. Sin embargo, el apóstol Pablo afirma que nadie puede burlarse de Dios, porque Él conoce todo lo que hacemos y sabe incluso cómo traer los mayores beneficios a partir de las acciones más pecaminosas de los hombres, como vemos en la crucifixión de Su Hijo. De igual manera, Él sabe cómo juzgar los planes pecaminosos de los hombres conforme a la gravedad de sus hechos. Dios sabe cómo traer justicia a los que burlan Su ley y sabe cómo reivindicar la santidad de Su nombre (Gá. 6:7). Todo esto es posible porque Dios no solamente tiene un conocimiento infinito, sino también una sabiduría infinita.

---

32. Norman Geisler, *Systematic Theology, Vol. 2* (Bethany House, 2003), 213.

## Su sabiduría es inescrutable

Para hablar de la sabiduría de Dios, quiero invitarte a leer una porción del libro del profeta Isaías:

> ¿Quién guio al Espíritu del Señor,
> o como consejero suyo le enseñó?
> ¿A quién pidió consejo y quién le dio entendimiento?
> ¿Quién le instruyó en la senda de la justicia, le enseñó conocimiento,
> y le mostró el camino de la inteligencia?
>
> ¿Acaso no lo sabes? ¿Es que no lo has oído?
> El Dios eterno, el Señor, el creador de los confines de la tierra
> no se fatiga ni se cansa.
> Su entendimiento es inescrutable. (Is. 40:13-14,28)

Isaías nos revela dos características de Dios: Su eternidad y Su sabiduría. La Biblia nos da amplio testimonio de la eternidad de Dios. Permíteme compartirte algunos pasajes bíblicos como ejemplo (cursivas añadidas):

- «El *eterno Dios* es tu refugio, y debajo están los brazos eternos» (Dt. 33:27).
- «conforme al mandamiento del *Dios eterno*, se ha dado a conocer a todas las naciones para guiarlas a la obediencia de la fe...» (Ro. 16:26).
- «Antes que los montes fueran engendrados, y nacieran la tierra y el mundo, *desde la eternidad y hasta la eternidad, Tú eres Dios*» (Sal. 90:2).
- «Porque así dice el Alto y Sublime que *vive para siempre*, cuyo nombre es Santo: "Yo habito en lo alto y santo, y también con el contrito y humilde de espíritu..."» (Is. 57:15).

Quiero que notes algo importante en el pasaje de Isaías que leímos más arriba. El profeta no habla del conocimiento inescrutable de Dios, sino de Su *entendimiento*. Esta palabra proviene del hebreo que quiere decir habilidad de discernir o entender. Y esa habilidad está relacionada con Su sabiduría. De manera que si Su entendimiento es inescrutable, también lo es Su sabiduría. Eso es exactamente lo que el apóstol Pablo escribió a la iglesia en Roma: «¡Oh, profundidad de las riquezas y de la sabiduría y del conocimiento de Dios! ¡Cuán insondables son Sus juicios e inescrutables Sus caminos!» (Ro. 11:33).

Su conocimiento es inescrutable, Su entendimiento es inescrutable, Su sabiduría es inescrutable, sus juicios son insondables y sus caminos son inescrutables. Para entender mejor la relevancia y el peso de estas palabras, es bueno recordar que el apóstol Pablo había sido llevado al tercer cielo, y habiendo estado en ese lugar especial donde recibió revelaciones que él mismo describe como «palabras inefables que al hombre no se le permite expresar» (2 Co. 12:4), ¡aun así Pablo declara que el conocimiento y la sabiduría de Dios son insondables e inescrutables! Pablo estaba reconociendo que respecto a Dios, nadie es un experto porque solo el Espíritu de Dios conoce y escudriña la mente de Dios. ¿Has meditado cómo Dios, en Su sabiduría, puede restringir el mal y permitirlo en diferentes ocasiones, en diferentes lugares, en diferentes épocas y en diferentes contextos, de tal manera que Sus propósitos sean realizados y Su gloria proclamada? En el libro de los Hechos vemos cómo Dios permitió que Jacobo, el hermano de Juan, fuera decapitado (12:2) y, sin embargo, en el mismo capítulo vemos cómo Dios envió a un ángel para liberar a Pedro de la prisión misma (12:6-11). «Dios hace que toda maldad coopere para llevar a cabo el mayor bien, desde, la venta de José, por parte de sus hermanos, a la muerte de Cristo, a manos de hombres malvados (Gn. 50:20; Hch. 2:23; 4:27-28)».[33] Así

---

33. Terry L. Johnson, *The Excellencies of God* (Grand Rapids: Reformation Heritage Books, 2022), 316.

es la sabiduría de Dios; inescrutables e insondables sus caminos. ¡A Él sea la gloria!

Nota la sabiduría humanamente ilógica de Dios en el diseño de la cruz y de nuestra salvación:

- Dios fue hecho hombre.
- El Rey sirvió a Sus súbditos.
- El amo lavó los pies de Sus siervos
- El juez fue juzgado.
- El inocente fue crucificado y el culpable liberado.
- El dador de la vida la perdió.
- La muerte de un hombre dio vida a muchos.

Ese diseño es inescrutablemente sabio. Solo un Dios omnipotente, omnisciente e infinitamente sabio pudo haber concebido algo semejante.

Es importante que tú y yo entendamos eso, no sea que después de estudiar el carácter de Dios lleguemos a pensar que hemos descifrado «el código genético de Dios», así como los científicos descifraron el genoma humano.

En el 2003 culminó un proyecto que comenzó trece años atrás, y que se estimaba que terminaría en 2005. Pero los avances de la ciencia fueron tales, que el equipo terminó dos años antes de lo esperado. Este estudio costó casi 500 millones de dólares, y los resultados fueron asombrosos. Lograron descifrar 3000 millones de pares de bases de ADN contenidas en los 23 pares de cromosomas que conforman el código genético del hombre. Sin embargo, aunque esto resulta maravilloso, no es comparable a la verdad de que nuestro Dios es insondable. Lo que acabamos de mencionar es solo una ilustración de la sabiduría que permea toda la creación. La creación que observamos no solo es el resultado de Su poder en acción, sino más bien el resultado de un poder infinito puesto en acción de acuerdo con un diseño concebido en la mente de Dios, mediante Su sabiduría infinita. William Charnock, en su famosa obra sobre los atributos de Dios habla de que «de la misma manera que cada río conduce al océano, de esa misma forma cada criatura apunta hacia un océano de sabiduría infinita».[34]

Cuando aseveramos que Dios es sabio, no significa que Él ha adquirido sabiduría por acumulación de experiencia, conocimientos y consejos. Por eso, el profeta Isaías declara: «¿Quién guio al Espíritu del Señor, o como consejero suyo le enseñó? ¿A quién pidió consejo y quién le dio entendimiento?» (Is. 40:13-14). Dios es eternamente sabio. No solo posee sabiduría desde la eternidad, sino que Él mismo es sabiduría. Por los tanto, Él es la fuente de toda sabiduría. Este es el veredicto de Job: «En Él están la sabiduría y el poder, y el consejo y el entendimiento son Suyos» (Job 12:13). El autor de Proverbios también escribió: «Porque el Señor da sabiduría, de Su boca vienen el conocimiento y la inteligencia» (Pr. 2:6). Cuando Salomón recibió sabiduría de parte de Dios, llegó a ser el hombre más sabio que el mundo jamás haya visto (1 R. 3:11-13). Pero este mismo hombre, dotado de una gran sabiduría divina, cuando se apartó de Dios en desobediencia e idolatría, terminó en su ruina (1 R. 11). El hombre que camina según su propia sabiduría terminará desperdiciando, y finalmente destruyendo, su propia vida y la de otros. Ese fue el caso de Salomón. Arruinó su propia vida y, junto a él, la vida de mil mujeres con quienes fornicó. Esa es la sabiduría diabólica de la que habla Santiago (Stg. 3:15). Pero aun a pesar de esta realidad evidente, el hombre ha seguido insistiendo en manejar su propia vida, según su propia sabiduría.

---

34. William Charnock, *The Existence and Attributes of God, edited by Mark Jones* (Wheaton: Crossway, 2022), pág. 1064 de 2191.

## Su sabiduría es buena, agradable y perfecta

¿Cómo se relaciona la voluntad de Dios con Su sabiduría? Una vez la sabiduría de Dios concibe un plan de acción, ese plan se convierte en Su voluntad. La voluntad de Dios no lleva a cabo ningún plan que Su sabiduría no haya concebido primero. Esa es la voluntad que el apóstol Pablo define en su carta a los Romanos, como: buena, agradable y perfecta (Ro. 12:1). La voluntad de Dios es Su deseo de hacer aquello que Su sabiduría ha concebido. Por lo tanto, hablar de la voluntad de Dios es hablar de Su sabiduría. Permíteme explicar y ampliar mejor esta idea.

Cuando Pablo cataloga la voluntad de Dios como *buena*, usa la palabra griega *agadsón,* que significa beneficiosa, abundante, apropiada o moral. La voluntad de Dios, basada en Su sabiduría infinita, es buena para el hombre porque contribuye a formar el carácter de Cristo en él. Pero cuando vivimos pensando en cómo servirnos de la vida, en lugar de servir a la causa de Cristo, entonces vemos la voluntad de Dios como un estorbo para nuestra vida egoísta, porque no nos da los placeres que buscábamos ni alcanza los fines que queremos.

La segunda cualidad que Pablo señala es que la voluntad de Dios es *placentera* o *agradable*. Pero no se refiere a un placer carnal. Santiago explica que la sabiduría del hombre es «terrenal, natural y diabólica» (Stg. 3:15). Y aun así, el hombre prefiere vivir según su propia voluntad, porque la considera más agradable y placentera para su carne. De hecho, algunos piensan, y han sugerido, que Dios —o la fe cristiana— es contrario a la experiencia de gozo. En su imaginación, algunos creen que cuando Él ve a una persona disfrutando de la vida, ordena: «*¡Ahí va uno más! Deténganlo porque la vida no es para disfrutar. Si sigues disfrutando, te enviaré a África como misionero. Y si aún allá pareces disfrutar de la vida, te haré casar con una persona que no te agrade*». Sin embargo, el apóstol Pablo nos recuerda que la voluntad de Dios es verdaderamente agradable. En una ocasión leí una historia que nos ayudará a entender mejor esta verdad. Desafortunadamente no recuerdo la fuente de la misma:

Un agricultor invitó a un amigo a su huerto de manzanas para probar su cosecha y hacer sidra fresca. Pero cada vez que el agricultor lo invitaba, su amigo rechazaba la invitación. Finalmente, el agricultor decidió acercarse. Le comentó: «Me imagino que tienes algún prejuicio contra mis manzanas». Y el amigo respondió: «Bueno, la verdad es que yo he probado algunas de tus manzanas, y son muy agrias». El agricultor le respondió: «¿De cuáles manzanas has comido?». Y su amigo le replicó: «De aquellas manzanas que caen en el camino, al otro lado de tu verja». «¡Ah, sí!» respondió el agricultor; esas manzanas son agrias. Yo planté esos árboles para engañar a los muchachos que viven alrededor. Pero si vienes a mi casa, y comemos de las manzanas que están en el centro de la finca, encontrarás que tienen un sabor dulce y diferente». Esta historia nos recuerda que en la periferia del cristianismo hay algunas manzanas agrias, como son la convicción de pecado, la negación de uno mismo y la necesidad de privarte de los placeres de la carne. Esas disciplinas declara el autor— mantiene alejados a los hipócritas y a aquellos que son meramente profesos de la fe, pero no poseedores de la fe. Pero en medio del huerto hay manzanas deliciosas, dulces y deseables. Cuanto más cerca estás de Dios, más dulce es el gozo y más dulce será Su presencia. La voluntad de Dios puede ser inescrutable, pero no está diseñada para aniquilar el gozo, sino para crearlo.

Su voluntad basada en Su sabiduría es inescrutable, buena y agradable. Es beneficiosa para ti; para el momento que estás viviendo; para los propósitos de Dios en tu vida; para tu futuro bienestar. Finalmente, Pablo añade que la voluntad de Dios es *perfecta*, del griego *téleion,* que quiere decir «incapaz de errar» o «absoluta». En otras palabras, yo puedo rebelarme contra Su voluntad, pero esta jamás será cambiada. Yo puedo quejarme de Su voluntad, pero esta permanecerá para siempre. Esa verdad puede llevar a algunos a creer que Dios es un ser intratable y egoísta. ¡Pero todo lo contrario!

Entender que Su voluntad es perfecta y absoluta nos permite contemplar Su justicia y admirar Su incapacidad de errar. ¿No quieres tú vivir bajo la sabiduría de un Dios cuya voluntad es buena, agradable y perfecta para ti?

## Su sabiduría es multiforme

La sabiduría de Dios es inescrutable, buena, agradable y perfecta. Pero también es una sabiduría multiforme (Ef. 3:10). ¿Qué quiero decir con esto? Que Su sabiduría no tiene un solo ángulo, una sola forma de ser o un solo color. Es posible que Dios escoja a dos personas que piensan completamente diferente y las use para Su gloria. Pero también, en su multiforme sabiduría, Dios puede usar a una persona para ciertos propósitos hoy, y luego usar a esa misma persona de manera completamente diferente mañana. Eso fue lo que sucedió con Moisés. Dios lo usó de una manera en el palacio real, y luego de otra manera en el desierto.

Dios ha manifestado Su sabiduría de maneras diferentes. Lo hizo al crear un universo tan diverso y complejo como el nuestro. Escucha las palabras del salmista: «¡Cuán numerosas son Tus obras, oh Señor! Con sabiduría las has hecho todas; llena está la tierra de Tus posesiones» (Sal. 104:24). El hombre, en su limitada comprensión, jamás podrá descifrar completamente la multiforme sabiduría de Dios expresada a través de Su creación. Escucha la manera en que Dios confrontó a Job y le hizo ver Su asombroso poder:

¿Quién es este que oscurece el consejo
Con palabras sin conocimiento?
¿Dónde estabas tú cuando Yo echaba los cimientos de la tierra?
Dímelo, si tienes inteligencia.
¿Quién puso sus medidas? Ya que sabes.
¿O quién extendió sobre ella cordel?

¿Sobre qué se asientan sus basas,
O quién puso su piedra angular. (Job 38:1-6)

La multiforme sabiduría de Dios también está evidenciada en la creación del ser humano. No importa cuántos estudios y descubrimientos
genéticos logre la ciencia, jamás podremos agotar la complejidad de
la vida humana. Ese mismo cuestionamiento que Dios le hizo a Job
respecto a la creación del mundo, es aplicable a la multiforme sabiduría
expresada en la creación del hombre y la mujer. ¿Acaso sabes cómo
fecunda el espermatozoide al óvulo? ¿Sabes cómo se genera el alma en
el interior de cada ser humano? ¿Sabes cómo el feto anhela salir del
vientre de la madre al final de los nueve meses de gestación? Es de esa
multiforme sabiduría que el salmista nos habla cuando contempla la
maravilla del ser humano. Todo comienza con una célula masculina
llamada espermatozoide, y una célula femenina llamada óvulo. Estas
dos células se unen para formar todos los huesos, músculos, ligamentos,
órganos, vasos sanguíneos, cerebro, nervios y todo lo demás que termina desarrollándose y conectándose de una manera perfecta y armo-
niosa. El salmista sin conocer todos los detalles meditó y concluyó:

Porque Tú formaste mis entrañas;
Me hiciste en el seno de mi madre.
Te daré gracias, porque asombrosa y maravillosamente he
sido hecho;
Maravillosas son Tus obras,
Y mi alma lo sabe muy bien.
No estaba oculto de Ti mi cuerpo,
Cuando en secreto fui formado,
Y entretejido en las profundidades de la tierra.
   (Sal. 139:13-15)

El salmista contempló la sabiduría de Dios en la formación
embriológica, ¡y se sorprendió! Pero no solo se sorprendió, sino que

dio gracias a Dios por haberlo hecho de una manera tan asombrosa y maravillosa. El salmista afirma que todas las obras de Dios son así de maravillosas. Debido a la omnisciencia y omnipresencia de Dios, puede decir: «No estaba oculto de Ti mi cuerpo, cuando en secreto fui formado, y entretejido en las profundidades de la tierra» (v. 15). Dios supervisa el desarrollo de cada criatura, de manera personal y minuciosa. Por eso le afirmó a Moisés que Él es quien hace al mudo, al sordo y al ciego (Ex. 4:11). En Su multiforme sabiduría, Dios tiene propósitos para cada uno de ellos.

Cuando Dios forma a cada criatura, junto con su desarrollo embriológico, ha concebido para cada persona un propósito de vida que está presente desde el mismo momento. Y para llevarlo a cabo, Él entreteje personas, circunstancias, eventos, preparación, migración de un lugar a otro, amistades y una serie de eventos que forman un complejo rompecabezas que solamente Su sabiduría puede entretejer y entender. Dios no solo ha formado a cada uno de nosotros, sino que ha planificado nuestra vida. Escucha cómo lo expresa el salmista: «Tus ojos vieron mi embrión, y en Tu libro se escribieron todos los días que me fueron dados, cuando no existía ni uno solo de ellos» (Sal. 139:16). Dios, en Su sabiduría, planificó mi día de entrada y mi día de salida de este mundo. Por eso, Jesús señaló que no podemos agregar ni siquiera una sola hora a nuestra vida, por más que nos preocupemos (Mt. 6:27). Ante tal profundidad y perfección, deberíamos responder junto al salmista: «¡Cuán preciosos también son para mí, oh Dios, Tus pensamientos! ¡Cuán inmensa es la suma de ellos!» (Sal. 139:17).

## Su sabiduría desplegada en la cruz

Lamentablemente, a pesar de la clara evidencia en la creación del mundo y del ser humano, muchos han llegado a la conclusión de que Dios no existe. El veredicto divino respecto de este comportamiento es: ¡Esto es una ignorancia necia! Por eso, el autor del Salmo 119, sin acceso a toda la información sofisticada que tenemos hoy, escribió: «Tus mandamientos me hacen más sabio que mis enemigos... Tengo más discernimiento que todos mis maestros, porque Tus testimonios son mi meditación» (Sal. 119:98-99). El discernimiento para la vida no es el resultado de la formación académica, sino más bien es el fruto de la sabiduría que Dios concede al hombre. La exposición a la palabra de Dios es la que trae luz y entendimiento a los sencillos (Sal. 119:130).

Los caminos del hombre son oscuros. Cuando Cristo vino, Su luz brilló en medio de las tinieblas. Pero el hombre amó más las tinieblas que la luz, hasta el punto que terminaron crucificando a la Luz del mundo. Sin embargo, también allí, en medio de aquella terrible oscuridad, la sabiduría de Dios se manifestó en su obra de redención. Dios se humilló (Fil. 2: 5-9). El Creador se despojó de Su gloria y se encarnó. El Rey se hizo siervo y lavó los pies de sus súbditos (Jn. 13:1-16). El Libertador fue apresado y crucificado, pero aun desde allí desarmó las fuerzas de las tinieblas haciendo un espectáculo público de ellas. La muerte del Justo le dio vida a millones de personas muertas en sus delitos y pecados. Pero Él no se quedó en la tumba, sino que resucitó con poder y dio inicio a un movimiento que, aunque pobre en recursos terrenales —como fue la iglesia primitiva—, llegó a expandirse y fortalecerse por todo el mundo. ¡Solo un Dios con sabiduría infinita puede pensar en un plan de redención como este! Por eso, el apóstol Pablo dijo acerca del plan de redención:

Hablamos sabiduría de Dios en misterio, la sabiduría oculta que, desde antes de los siglos, Dios predestinó para nuestra gloria. Esta sabiduría que ninguno de los gobernantes de este siglo ha entendido, porque si la hubieran entendido no habrían crucificado al Señor de gloria... (1 Co. 2:7-8)

Por medio del plan de redención, Dios formó a Su iglesia a través de la cual «la infinita sabiduría de Dios puede ser dada a conocer ahora por medio de la iglesia a los principados y potestades en los lugares celestiales» (Ef. 3:10). Pablo indica que los seres angelicales en los cielos, al ver lo que Dios está haciendo en la iglesia y a través de la iglesia, están aprendiendo de Su infinita sabiduría. ¡Eso es extraordinario! Posiblemente, los mismos ángeles se sorprendieron al ver que la humanidad fue redimida por el Dios encarnado, a través de Su muerte en la cruz, un instrumento de maldición. Este plan redentor parece infantil en el mejor de los casos, y cruel en el peor de los casos. Pero esa es la manera en que el hombre, en su sabiduría lo percibe. Por eso, Pablo le escribió a los corintios:

> Pues ya que en la sabiduría de Dios, el mundo no conoció a Dios por medio de su propia sabiduría, agradó a Dios mediante la necedad de la predicación salvar a los que creen. Porque en verdad los judíos piden señales y los griegos buscan sabiduría; pero nosotros predicamos a Cristo crucificado, piedra de tropiezo para los judíos, y necedad para los gentiles. Sin embargo, para los llamados, tanto judíos como griegos, Cristo es poder de Dios y sabiduría de Dios. Porque la necedad de Dios es más sabia que los hombres, y la debilidad de Dios es más fuerte que los hombres. (1 Co. 1:21-25)

Cristo representó el poder de Dios y la sabiduría de Dios encarnados para redimir a los Suyos. Como poder de Dios, Él derrotó al pecado y la muerte. Como sabiduría de Dios, Él dio testimonio de la verdad, abrió el camino y nos llevó a la vida eterna. Permíteme concluir con las alentadoras palabras del apóstol Pablo a los corintios, las cuales son para nosotros una verdad hoy también: «Pero por obra Suya están ustedes en Cristo Jesús, el cual se hizo para nosotros sabiduría de Dios, y justificación, santificación y redención, para que, tal como está escrito: «El que se gloría, que se gloríe en el Señor» (1 Co. 1:30-31).

# Capítulo 10

# El Dios que ama incondicionalmente

En los próximos capítulos abordaremos algunos atributos de Dios que pudieran catalogarse bajo Su bondad. La bondad de Dios puede definirse como Su disposición natural de sentir y actuar con benevolencia hacia Sus criaturas, al margen de que crean en Él o no. Todos pudimos haber sido enviados a la condenación y habría sido justo, pero Dios no ha procedido así. Jeremías escribió en Lamentaciones 3:22, «Por la misericordia de Jehová no hemos sido consumidos» (RVR1960). Cada vez que nosotros vemos en la historia redentora que Dios ha aplicado Su justicia, puedes estar seguro que Dios ha ejercido esa justicia en base a Su misericordia y Su paciencia. Sin embargo, la historia misma revela que el ser humano se ha burlado de Su bondad, y por tanto, Dios ha tenido que aplicar Su justicia con tanta severidad que envió a Su propio pueblo al exilio, e incluso a Su propio hijo a la cruz. Terry Johnson lo expresó así: «El amor es un aspecto de la bondad de Dios, igual que Su misericordia, Su gracia y Su paciencia. La misericordia es la bondad divina expresada hacia los que sufren. La gracia es la bondad de Dios expresada hacia los indignos. La paciencia es la bondad de Dios expresada hacia los que lo han provocado por largo tiempo».[35]

---

35. Terry Johnson, *The Identity and Attributes of God* (Carlisle: The Banner of Truth Trust, 2019), 286.

La Biblia declara que Dios se deleita en la misericordia (Mi. 7:18). Pero en ningún otro lugar encontrarás que Él se deleite en aplicar Su justicia o derramar Su ira. Cuando Dios pasó delante de Moisés, después de pedirle ver Su gloria, Dios le respondió:

> El Señor, el Señor, Dios compasivo y clemente, lento para la ira y abundante en misericordia y verdad; que guarda misericordia a millares, el que perdona la iniquidad, la transgresión y el pecado, y que no tendrá por inocente al culpable; que castiga la iniquidad de los padres sobre los hijos y sobre los hijos de los hijos hasta la tercera y cuarta generación. (Ex. 34:6-7)

¿Ves cómo se describe Dios a Sí mismo? Antes de hablar de Su justicia y del castigo por la iniquidad, se presenta como un Dios compasivo, clemente, misericordioso y perdonador. En otras palabras, Él es un Dios amoroso.

## Dios es amor

El amor de Dios es Su bondad expresada en hacer el bien, como se evidencia desde la creación hasta la recreación redentora. Innumerables pasajes hablan del amor de Dios, pero en esta ocasión nos centraremos en la primera carta del apóstol Juan.

> Amados, amémonos unos a otros, porque el amor es de Dios, y todo el que ama es nacido de Dios y conoce a Dios. El que no ama no conoce a Dios, porque Dios es amor. En esto se manifestó el amor de Dios en nosotros: en que Dios ha enviado a su Hijo unigénito al mundo para que vivamos por medio de Él. En esto consiste el amor: no en que nosotros hayamos amado a Dios, sino en que Él nos amó a nosotros y envió a su Hijo como propiciación por nuestros pecados.

> Amados, si Dios así nos amó, también nosotros debemos amarnos unos a otros. (1 Jn. 4:7-11)

En tan solo cinco versículos, el apóstol Juan aborda verdades extraordinarias que constituyen la columna vertebral de la fe cristiana. Todas estas verdades giran en torno a una breve frase, cargada de contenido: «Dios es amor» (v. 8,16). Primero, es importante observar que Juan no afirma que *el amor es Dios*. Esa idea sería completamente falsa, pues representaría una reducción masiva de lo que Él es. Tampoco asevera que *Dios es solo amor*, pues sería falso y representaría otro reduccionismo. En cambio, Juan señala que Dios es luz (1:5), describiendo así otra parte de Su esencia. Cuando Cristo vino, la luz brilló en las tinieblas y nos dio a entender que las tinieblas representan el pecado del hombre, y la luz representa todo lo que Dios es, incluidas Su santidad y Su verdad en particular, que van de la mano. Por lo tanto, cuando andamos en pecado contradecimos la luz que mora en nosotros por medio del Espíritu Santo.

Cuando sostenemos que Dios es amor, no aludimos a Su conducta, sino más bien a Su esencia. Mira con qué claridad y precisión describieron estos grandes teólogos al Dios de amor:

> Dios es amor. Con esto llegamos a lo que Robert Law, que escribió en 1909, denominó la cumbre de toda la revelación y a lo que Stott llamó la afirmación más comprensiva y sublime sobre la esencia de Dios. Juan no dice que Dios es amoroso. No está describiendo la conducta divina, sino Su naturaleza. Dios es amor en Su ser más íntimo. Dios ama —agrega Morris—, pero no de una manera accidental. Él ama porque Su naturaleza es amar, entregarse a Sí mismo de manera incesante en amor. Todo amor es de Dios (1 Jn. 4:7). Él es el origen y la fuente del amor. Este es el resplandor principal de la gloria oculta de la naturaleza divina, expresó J. W. Alexander. Esta es la verdad central del cristianismo. Dios es

la fuente del amor, manifiesta Juan Calvino. La naturaleza de
Dios, Su ser, Su carácter, Su esencia, es amor.[36]

Cuando Juan verbaliza que Dios es amor nos muestra que todo lo
que Dios hace está equilibrado o filtrado a través de Su amor. Tanto
es así que el autor de Hebreos nos indica que hasta la disciplina de
Dios es una expresión de Su amor: «Porque el Señor al que ama, disciplina, y azota a todo el que recibe por hijo» (He. 12:6). Y unos versículos después, añade que «Él nos disciplina para nuestro bien, para
que participemos de Su santidad» (He. 12:10). Dios nos disciplina
porque es santo, pero también porque es amor. Lamentablemente,
lo que muchos conocen como amor de Dios dista mucho de lo que
Él aclara de Su amor. Con frecuencia interpretamos el amor divino
como una indulgencia de nuestras iniquidades, y vemos Su amorosa
disciplina como un juicio odioso hacia nosotros. Esto es porque no
hemos entendido cómo se relacionan entre sí Su amor, Su justicia y
Su santidad (Ro. 11:22).

El conocido teólogo y erudito bíblico inglés A. W. Pink, afirmó
que «muchos hablan del amor de Dios, y sin embargo, no conocen
nada del Dios del amor».[37] Si eres Su hijo debes saber que Él te ama
infinitamente más de lo que piensas, y a la vez reconocer que lo
amas infinitamente menos de lo que crees. El apóstol Pablo conocía
esa realidad, y por eso oraba para que los efesios fueran «capaces de
comprender con todos los santos cuál es la anchura, la longitud, la
altura y la profundidad, y de conocer el amor de Cristo que sobrepasa
el conocimiento» (Ef. 3:18-19). John Stott, en alusión a este mismo
texto, escribió que «el amor de Dios es lo suficientemente ancho para
alcanzar a toda la humanidad, largo para durar hasta la eternidad,
profundo para alcanzar al pecador más depravado, y alto para exaltar

---

36. Ibid, 285.
37. A. W. Pink, *The Attributes of God in Modern English* (Nashville: Thomas
Nelson, 1982), versión Kindle, Loc 1646 de 2133.

a ese pecador hasta los cielos».[38] ¡Dios es amor, y Su amor es incomprensible! Sobrepasa todo nuestro conocimiento porque sobrepasa el entendimiento humano y lo que el lenguaje puede expresar.

## El amor de Dios es incomparable

El único punto de referencia para comparar el amor de Dios es el amor que nosotros sentimos y expresamos. Aun así, ni siquiera sabemos cuánto amamos a otros hasta que afrontamos pruebas y tentación. Cuando Judas fue probado, terminó vendiendo a Jesús, aquel que le había lavado los pies. Cuando Pedro fue tentado, negó tres veces a su Señor. Pero no solo lo negó, sino que también maldijo cuando lo cuestionaron la tercera vez, y negó ser su amigo. Cuando los apóstoles fueron probados, terminaron abandonando a su maestro y lo dejaron morir solo. Pero cuando Cristo se enfrentó a la prueba más difícil camino del Calvario, amó a los Suyos hasta el fin... hasta el final de Sus días, de Sus emociones y de Sus fracasos y tropiezos. Aquel que fue colgado en el madero, traspasado por clavos, no abrió Su boca para negarnos o maldecir, sino para rogar: «Padre, perdónalos, porque no saben lo que hacen» (Lc. 23:34).

Nosotros desconocemos cuánto amamos a otros hasta ver que nuestra propia vida es amenazada, y no sabremos cuánto nos amó Jesús hasta que miramos a la cruz. Nuestro amor tiende a ser interesado. Es decir, queremos algo de alguien hasta confundir la pasión del *eros* con la entrega del amor *ágape*. Por ello, Juan declara:

> En esto se manifestó el amor de Dios en nosotros: en que Dios ha enviado a su Hijo unigénito al mundo para que vivamos por medio de Él. En esto consiste el amor: no en que

---

38. John Stott, *The Message of Ephesians: God's New Society, The Bible Speaks Today* (Leicester: IVP, 1979), 137.

nosotros hayamos amado a Dios, sino en que Él nos amó a
nosotros y envió a su Hijo como propiciación por nuestros
pecados. (1 Jn. 4:9-10)

La mayor muestra de amor de Dios fue enviar a Su Hijo unigénito
al mundo. No solo mandó a Su Hijo, sino a Su único hijo. Y cuando
Juan señala que envió a Su Unigénito al mundo, no solo nos está
explicando que lo envío a este planeta, sino a un mundo sumergido
en la corrupción del pecado, amante de la mentira y que rechaza la
verdad que Él venía a encarnar. A pesar de lo doloroso que fue vivir
en medio del engaño y del pecado, siendo completamente puro, se
mantuvo fiel hasta el final porque Su amor todo lo soporta y cubre
multitud de pecados.

Uno de los reformadores de nombre Benedict Peter (1655-1724),
definió el amor de Dios como «aquello que hace que Dios se incline
hacia la criatura, y se deleite en hacerle bien, como queriendo unirse
con ella, por así decirlo».[39] La realidad es que cuando Dios nos dio a
su Unigénito, se unió a la criatura. Y al producirse esto en la persona
de Jesús, este pasó a ser la definición del amor. Si caracterizamos el
amor de Dios, tendríamos que decir que es eterno porque forma
parte de Su esencia misma. Si eso es cierto, el amor que Dios posee
y expresa hoy es el mismo que ha tenido y expresado desde la eternidad. Por esta razón, le dijo a Su pueblo: «Con amor eterno te he
amado» (Jer. 31:3). Si Dios me amó desde la eternidad, Su amor no
está relacionado con nada de lo que soy o poseo, porque me amó
desde antes de mi existencia. De hecho, Dios me amó primero, y
luego me creó.

Porque me amó, me eligió desde la eternidad pasada.
Porque me amó, me justificó en la cruz.

---

39. Citado en Terry Johnson, *The Identity and Attributes of God* (Carlisle: The
    Banner of Truth Trust, 2019), 287.

Por qué me amó, me preservará hasta el final cuando entre en gloria.

Porque me amó, Dios terminará lo que comenzó en mí.

## El amor de Dios es independiente del amado

El amor se origina en Dios sin que haya en nosotros nada atractivo para Él. La Biblia afirma que Él nos amó cuando nosotros todavía éramos pecadores, y más aún, cuando éramos Sus enemigos (Ro. 5:8,10). Hay bastantes cosas en ti y en mí que Dios odia, aborrece y detesta. Pero Su amor no depende de mí. Él me sigue amando y quiere forjar en mí la imagen de Su Hijo, que fue Su propósito desde el inicio. Dios ama lo que yo llegaré a ser, y por eso comienza amándome como soy ahora, sin que yo haya mostrado evidencia alguna de amor por Él. Por eso Juan nos recuerda que «en esto consiste el amor: no en que nosotros hayamos amado a Dios, sino en que Él nos amó a nosotros y envió a su Hijo como propiciación por nuestros pecados» (1 Jn. 4:10). Y completa esa idea unos versículos más adelante, cuando escribe que «nosotros amamos porque Él nos amó primero» (1 Jn. 4:19).

En ese sentido, decimos que el amor de Dios es eterno. Pablo, en su segunda carta a Timoteo, dice que «Él nos ha salvado y nos ha llamado con un llamamiento santo, no según nuestras obras, sino según Su propósito y según la gracia que nos fue dada en Cristo Jesús *desde la eternidad*» (2 Ti. 1:9). Este amor independiente y eterno es como el de una madre que desea tener un hijo. Ella comienza amando la realidad de ese hijo, aún antes de quedar embarazada. Pero luego de concebir, ese amor crece sin haber visto aún a su hijo. Sin embargo, debemos reconocer que aunque esta ilustración es buena, se queda corta porque la madre tiene la necesidad afectiva de tener un hijo, y ese hijo llena un vacío en ella. Pero Dios no tiene necesidades ni vacío alguno que nosotros podamos llenar. Dios no tiene necesidad afectiva, pero sí tiene un gran deseo de darme de lo que Él es. El verdadero amor es independiente del amado porque solo busca dar de sí mismo para enriquecer al otro, y plasmar algo de Dios en él, tal como lo hizo Cristo. El amor incondicional complica la vida del amante y bendice la vida del amado. Jesús disfrutaba del amor de su Padre desde la eternidad pasada; pero el Hijo voluntariamente aceptó de forma voluntaria venir a redimirnos por amor a nosotros y con Su encarnación «complicó su vida» y bendijo la nuestra.

## El amor de Dios es sacrificial

El Padre entregó a Su hijo. Él nos dio Su vida al despojarse a Sí mismo, dejando Su trono de gloria y el deleite de Su Padre para humillarse hasta lo sumo, sufriendo la vergüenza y la burla de los hombres hasta morir en un madero como sacrificio por el perdón de nuestros pecados.

El amor sacrificial es aquel que está dispuesto a pagar las consecuencias por el pecado de otro, tal como Cristo lo hizo en la cruz. Eso es exactamente lo que Juan describió: Él es nuestra propiciación (1 Jn. 4:10). Cuando Cristo pagó por nuestros pecados, aplacó la ira de Dios contra nosotros. Dios nos salva de Su propia ira, nos salva de nosotros mismos; y nos salva para Él, por medio de Su Hijo, a quien Él envió. El amor sacrificial es *ágape*. No es un amor posesivo sino dador, así como Dios dio a Su Hijo. Tal como afirmó John Stott: «Que mientras el origen del amor está en la misma esencia de Dios, la manifestación de ese amor es la venida de Cristo».[40] No existe un mejor despliegue del amor de Dios que la encarnación del Hijo de Dios. Y no hay mayor evidencia del amor de Dios que la disposición del Hijo de ser tratado como un criminal en la cruz para que el culpable fuera dejado en libertad.

---

40. *John Stott Bible Studies, Letters of John* (Downers Grove: IVP), Edición Kindle, pág. 36 de 60.

Dios no solo habló. Dios no solo prometió. Dios actuó, entregó y sacrificó a Su único hijo. Y aun lo que el hijo enfrentó es un testimonio de ese amor sacrificial. Pablo, en su carta a los filipenses, dice que Jesús se humilló a Sí mismo (Fil. 2:8). ¿Qué implicó esa humillación amorosa? Él se humilló tolerando el rechazo de los hombres, las calumnias de las autoridades, el desdén de los líderes religiosos, la burla de la multitud, el dolor de sus verdugos y el abandono de aquellos a quienes amó. Es increíble pensar que entre los hombres, aún el amor tiene la capacidad de generar rechazo. Los hijos con frecuencia rechazan el amor de sus padres. Nosotros muchas veces hemos rechazado el amor de Dios, cuando violamos Su ley que nos fue dada para nuestra protección o al airarnos cuando nuestro amoroso Dios nos disciplina. El amor genera rechazo en el otro porque el amado no desea lo que el dador ofrece. Eso es justamente lo que vemos reflejado en la parábola del hijo pródigo, cuando aquel muchacho rechazó el amor de su padre por buscar un interés personal. Nosotros deseamos que el dador nos dé lo que queremos, aún si eso que demandamos nos hunde en el lodo cenagoso. Pero Su amor nos alcanza hasta allí, en nuestra perdición, y nos recibe con brazos abiertos.

## El amor de Dios es general

Dios no solamente ama, sino que Dios es amor. Y como Dios es amor, cada vez que Él se relaciona con Sus criaturas, lo hace a través de Su amor. Escucha cómo Jesús explicó el amor general de Dios en el sermón del Monte:

> «Ustedes han oído que se dijo: "Amarás a tu prójimo y odiarás a tu enemigo". Pero Yo les digo: amen a sus enemigos y oren por los que los persiguen, para que ustedes sean hijos de su Padre que está en los cielos; porque Él hace salir Su sol sobre malos y buenos, y llover sobre justos e injustos».
> (Mt. 5:43-45)

Esa forma de tratar al impío revela el amor general de nuestro Dios por el mundo. Cuando Juan dice que Dios amó de tal manera *al mundo*, y no solamente a sus elegidos, pone en evidencia Su amor general y paciente hacia el pecador. ¿Recuerdas la historia del joven rico? Aquel muchacho se acercó buscando vida eterna, pero terminó rechazando a Cristo, y se fue triste porque no quería lo que Jesús le ofrecía al precio que requería. Pero Jesús lo amó a pesar de su rechazo (Mr. 10:20-21). De la misma manera, Dios estuvo dispuesto a perdonar a Sodoma y Gomorra, dos naciones terriblemente pecadoras, de haber vivido allí cinco justos. Pero no los había. La demora del juicio de Dios sobre el mundo pecador obedece a un calendario soberano ya establecido. Pero a la vez, obedece a la misericordia de Dios que retrasa el ardor de Su ira. Esto es como el apóstol Pedro lo expresa: «El Señor no se tarda en cumplir Su promesa, según algunos entienden la tardanza, sino que es paciente para con ustedes, no queriendo que nadie perezca, sino que todos vengan al arrepentimiento (2 P. 3:9)». El muy conocido teólogo, D. A. Carson, escribió «Dios tiene compasión de nuestra raza rebelde»,[41] y esto es solamente una evidencia de Su amor general.

## El amor de Dios es especial y soberano

Así como Dios ha mostrado Su amor por el mundo, también leemos que Dios eligió a Israel por encima de las demás naciones, sin que Israel tuviera nada especial como nación.

> Porque tú eres pueblo santo para el Señor tu Dios; el Señor tu Dios te ha escogido para ser pueblo Suyo de entre todos los pueblos que están sobre la superficie de la tierra. El Señor no puso Su amor en ustedes ni los escogió por ser ustedes más

---

41. D. A. Carson, *The Gospel according to John* (Grand Rapids, MI: W. B. Eerdmans, 1991), 205.

numerosos que otro pueblo, pues eran el más pequeño de
todos los pueblos; mas porque el Señor los amó y guardó el
juramento que hizo a sus padres, el Señor los sacó con mano
fuerte y los redimió de casa de servidumbre, de la mano de
Faraón, rey de Egipto. (Dt. 7:6-8)

Esta misma verdad afirmó el apóstol Pablo en su carta a los romanos, cuando escribió: «A Jacob amé, pero a Esaú aborrecí» (Ro. 9:13).
En Su soberanía Dios ha decidido amar al mundo entero, pero también
ha decidido manifestar Su amor especial por Sus elegidos. Dios siente
compasión incluso por quien lo rechaza: «"Vivo Yo" —declara el Señor
Dios— "que no me complazco en la muerte del impío, sino en que
el impío se aparte de su camino y viva. Vuélvanse, vuélvanse de sus
malos caminos. ¿Por qué han de morir, oh casa de Israel?"» (Ez. 33:11).

## El amor de Dios es trinitario

Cada miembro de la Trinidad nos ha amado. El Padre nos eligió en
la eternidad pasada (Ef. 1:4). El Hijo nos justificó en la cruz hace dos
mil años (Ro. 3:23-24). Y el Espíritu nos dio vida al nacer de nuevo,
preservándonos firmes hasta el día final (Jn. 3:5; Fil. 1:6).

El amor de Dios también es intertrinitario. Es decir, cada miembro
de la Trinidad ama a los otros dos miembros. Las Escrituras afirman
claramente que el Padre ama al Hijo desde la eternidad pasada, y que
el Hijo ama al Padre (Jn. 15:9-10). Y como el Espíritu participa de
ese mismo amor, vino cuando fue enviado tanto por el Padre como
por el Hijo (Jn. 14:16-17).

## El amor de Dios es transformador

James Montgomery Boice en su comentario bíblico de las cartas de
Juan, cita a Bengel, un teólogo del siglo XVIII, quien describió cómo
se va produciendo la transformación y la madurez en el creyente:

- En mi estado de incredulidad no tenía ni amor ni temor de Dios.
- Luego pasé a tener temor sin amor.
- Luego llegué a experimentar amor y temor.
- Hasta que finalmente pude experimentar amor sin temor.[42]

Cómo incrédulos, ignorábamos a Dios. Ni le amábamos ni le temíamos. Pero al creer, comenzamos a tener Su disciplina, mas no disfrutábamos de Su amor. Al crecer en la fe, empezamos a experimentar Su amor, pero todavía temíamos su justicia. Mas cuando vivimos en obediencia, podemos experimentar el perfecto amor del Padre que echa fuera todo temor. Sin embargo, lo contrario también es cierto: cuando vivimos en desobediencia experimentamos el temor de Su justicia. Pero aún ahí, en medio de nuestra desobediencia, Dios no nos ama menos, porque el amor de Dios es inmutable, como todos sus demás atributos.

En nuestra obediencia experimentaremos el amor de Dios a través de Sus bendiciones. Pero en la desobediencia, Él manifiesta Su amor de otra forma. Nos disciplina para que podamos participar de Su santidad (He. 12:10). Y entonces, cuando lleguemos a participar de Su santidad, Él podrá derramar tantas bendiciones como sea posible. Es entonces cuando cobran sentido las palabras del salmista, cuando escribió: «Bueno es para mí ser afligido» (Sal. 119:71).

## El amor de Dios es perseverante

El amor de Dios es perseverante y eterno. Como hemos estudiado, Dios nos amó desde la eternidad pasada, y este amor no tiene final. Esta verdad sobre el amor incondicional de Dios se puede resumir claramente en las palabras del apóstol Pablo en su carta a los romanos:

---

42. James Montgomery Boice, *The Epistles of John* (Grand Rapids: Baker Books, 1979), 120.

Pero en todas estas cosas somos más que vencedores por medio de Aquel que nos amó. Porque estoy convencido de que ni la muerte, ni la vida, ni ángeles, ni principados, ni lo presente, ni lo por venir, ni los poderes, ni lo alto, ni lo profundo, ni ninguna otra cosa creada nos podrá separar del amor de Dios que es en Cristo Jesús Señor nuestro. (Ro. 8:37-39)

Estas palabras son una afirmación sólida y reconfortante de la perseverancia del amor de Dios hacia Sus hijos. Nada en toda la creación ni siquiera las circunstancias más adversas o los poderes celestiales, pueden separarnos del amor de Dios manifestado a través de Cristo Jesús. Pablo subraya la seguridad y la firmeza del amor incondicional de Dios, recordándonos que nada puede apagar el amor que Dios tiene hacia aquellos que le pertenecen. Su amor es eterno y perdura más allá de esta vida, abarcando la eternidad futura.

# CAPÍTULO 11

# EL DIOS QUE REDIME, SANTIFICA Y PRESERVA POR GRACIA

La gracia ha sido uno de los atributos de Dios peor entendidos y predicados y, por consiguiente, ha sido mal aplicado en la historia de la iglesia. Algunos abusan de la gracia y la convierten en libertinaje, como ocurrió en el siglo I cuando Judas escribió: «Algunos hombres se han infiltrado encubiertamente, los cuales desde mucho antes estaban marcados para esta condenación, impíos que convierten la gracia de nuestro Dios en libertinaje, y niegan a nuestro único Soberano y Señor, Jesucristo» (Jud. 1:4). Ellos niegan a nuestro Señor Jesucristo porque ignoran que Dios odia el pecado, y que debido a Su santidad, está obligado a juzgar el pecado.

La predicación de la gracia de Dios a un pueblo infiel es arriesgada. Por eso, cuando Pablo le escribió a los Romanos «donde abundó el pecado, sobreabundó la gracia» (Ro. 5:20, NVI), también añadió: «¿Qué diremos, entonces? ¿Continuaremos en pecado para que la gracia abunde? ¡De ningún modo! Nosotros, que hemos muerto al pecado, ¿cómo viviremos aún en él?» (Ro. 6:1-2). Es evidente que algunos habían distorsionado las enseñanzas de Pablo acerca de la gracia divina, y era necesario contrarrestar estas malas interpretaciones al reafirmarles el evangelio. Lo que debía reinar en ellos —y por extensión, en todos nosotros hoy como hijos de

Dios— es la gracia que nos impulsa para vivir la vida que Cristo nos llamó a vivir. Pablo era consciente de que cada vez que predicamos la gracia de Dios habrá personas que querrán abusar de ella. Aun así, nunca dejó de proclamarla. En las iglesias de Galacia encontramos personas que recibieron el mensaje de la gracia, pero creyeron que no era suficiente. Por eso le añadieron las obras de la ley para obtener salvación, y con eso terminaron pervirtiendo la gracia y corrompiendo el evangelio. Fue así como la gracia de Dios se convirtió en legalismo.

Para profundizar en el estudio de la gracia divina, quiero que nos acerquemos a la carta de Pablo a los Efesios para conocer mejor al Dios que redime, santifica y preserva por gracia.

> Y Él les dio vida a ustedes, que estaban muertos en sus delitos y pecados, en los cuales anduvieron en otro tiempo según la corriente de este mundo, conforme al príncipe de la potestad del aire, el espíritu que ahora opera en los hijos de desobediencia. Entre ellos también todos nosotros en otro tiempo vivíamos en las pasiones de nuestra carne, satisfaciendo los deseos de la carne y de la mente, y éramos por naturaleza hijos de ira, lo mismo que los demás. Pero Dios, que es rico en misericordia, por causa del gran amor con que nos amó, aun cuando estábamos muertos en nuestros delitos, nos dio vida juntamente con Cristo (por gracia ustedes han sido salvados), y con Él nos resucitó y con Él nos sentó en los lugares celestiales en Cristo Jesús, a fin de poder mostrar en los siglos venideros las sobreabundantes riquezas de Su gracia por Su bondad para con nosotros en Cristo Jesús. Porque por gracia ustedes han sido salvados por medio de la fe, y esto no procede de ustedes, sino que es don de Dios; no por obras, para que nadie se gloríe.
> (Ef. 2:1-9)

En este pasaje, la palabra «gracia» aparece tres veces en referencia a nuestra salvación. En dos ocasiones nos señala que somos salvos por gracia, y en la tercera nos informa de la razón por la cual Dios nos salvó por gracia: «A fin de poder mostrar en los siglos venideros las sobreabundantes riquezas de Su gracia por Su bondad para con nosotros en Cristo Jesús» (v. 7). Nota el énfasis «en Cristo Jesús». Para Pablo, esa gracia es siempre recibida en Cristo y por Sus méritos solamente. En las enseñanzas de Pablo, los únicos receptores de la gracia de Dios son los hijos de Dios, porque la gracia es algo recibido en Cristo y por Sus méritos. El que muere en incredulidad no es receptor de Su gracia. Sin embargo, el incrédulo sí puede ser receptor de Su misericordia de este lado de la eternidad. Cada vez que Dios retarda Su juicio, es una expresión de Su misericordia.

## Una definición de gracia

Antes de continuar, es importante que definamos la gracia. Gracia es el favor de Dios dado a personas que no merecen ser salvadas. La gracia de Dios es la obra mediante la cual nuestra culpa y corrupción es quitada por los méritos de la sangre de Cristo a nuestro favor. Lo increíble de la gracia de Dios, a la luz de las enseñanzas del Nuevo Testamento respecto a la salvación del hombre, es que Él decidió salvar a una humanidad que lo ha maldecido, que ha sido rebelde, que ha sido hostil hacia Él, que lo ha negado, que ha sido idólatra, que ha pecado contra Él, y que ha pisoteado Su santidad. En sus cartas a los Efesios y Romanos, Pablo describe a estas personas como muertas en sus delitos y pecados, que caminan según la corriente de este mundo, en desobediencia, conforme al príncipe de la potestad del aire, satisfaciendo las pasiones de la carne y de la mente, hijos de ira, débiles, impíos, pecadores y enemigos de Dios (Ef. 2:1-3; Ro. 5:6-10). Este trasfondo oscuro es el que hace que la gracia de Dios brille aún más. Personas así no merecen la gracia, sino más bien el castigo en el infierno a causa de sus pecados.

Pero hemos sido salvados por gracia. Este concepto es tan vital, que J. I. Packer señaló que la palabra «gracia» contiene en sí misma toda la teología del Nuevo Testamento, y es la llave que abre el Nuevo Testamento.[43] En el griego, la palabra es *járis*, y cuando Pablo la usa en el Nuevo Testamento le da una connotación especial. Para él, *járis* es algo que Dios confiere voluntaria y soberanamente a personas condenadas por su pecado, que no merecen absolutamente nada y que reciben esta gracia por los méritos de otro. La gracia es inmerecida porque es recibida por pecadores profundamente corrompidos que han ofendido a Dios de la forma más profana y con sus actos más malvados. En ese grupo estamos tú y yo. Por lo tanto, la gracia es algo que tú no puedes ganar ni puedes comprar, ni puedes merecer. Si Dios aplicara Su justicia aparte de Su gracia, toda persona sería enviada a la condenación inmediatamente. No debemos confundir la gracia con la misericordia de Dios. Él se compadece del dolor de Sus hijos, pero también del dolor del incrédulo. Entonces, los que verdaderamente han nacido de nuevo no reciben el infierno que merecen (eso es misericordia), pero sí reciben la gloria que no merecen (eso es gracia).

## Una caracterización de la gracia

En el Antiguo Testamento, el pueblo de Dios había disfrutado de Su gracia, pero en Cristo esa gracia se manifestó en su máxima expresión. Por ello, Juan escribió en su evangelio: «Pues de Su plenitud todos hemos recibido, y gracia sobre gracia. Porque la ley fue dada por medio de Moisés; la gracia y la verdad fueron hechas realidad por medio de Jesucristo» (Jn. 1:16-17). En este pasaje encontramos

---

43. J. I. Packer, *God's Word* (Christian Focus, 2001), 95.

algo interesante: la conexión entre la gracia de Dios con la persona de Jesús.

La primera característica de la gracia divina es que es inmerecida, es un don o regalo de Dios. Somos salvos por gracia, no por obras para que nadie se gloríe (Ef. 2:8-9). La gracia es inmerecida porque Él nos salvó cuando nosotros andábamos muertos en nuestros delitos y pecados, satisfaciendo las pasiones de la carne, y éramos hijos de ira. Lo que recibimos es una *donación,* no un premio ganado por competir. Pero la Biblia también nos enseña que somos salvos por gracia, por medio de la fe, y aún la fe es un regalo que no procede de nosotros. Es un regalo de Dios (Ef. 2:8-9). Ni mi fe es suficiente para salvarme, porque es defectuosa e imperfecta. Nuestra fe no cumple los requisitos del estándar de Dios. Por eso, Cristo llamó a Sus discípulos «hombres de poca fe» (Mt. 8:26-28). Pero Dios, en Su gracia, acepta nuestra fe imperfecta.

Jerry Bridges, en su libro *La Gracia Transformadora,* informa que la gracia de Dios «consiste en completar la diferencia que existe entre los requerimientos de su justa ley y lo que nos falta a nosotros para cumplir con esos requerimientos».[44] No hay nada que yo pueda hacer para ganar o merecer la gracia de Dios. Por eso, Pablo escribió: «Pero si es por gracia, ya no es a base de obras, de otra manera la gracia ya no es gracia. Y si por obras, ya no es gracia; de otra manera la obra ya no es obra» (Ro. 11:6). Cuando recibimos algo por gracia, y en particular nuestra salvación, no ha habido nada que hayamos hecho para merecerla. Nos es dada simplemente porque Dios así lo dispuso. Entonces, si no lo merecemos, ¿por qué decidió Dios salvarnos? La respuesta está en Efesios: «Pero Dios, que es rico en misericordia, por causa del gran amor con que nos amó, aun cuando estábamos muertos en nuestros delitos, nos dio vida juntamente con Cristo (por gracia ustedes han sido salvados)» (Ef. 2:4-5).

---

44. Citado por Jerry Bridges, *Transforming Grace* (NAV Press, 2008), versión Kindle, pág. 25 de 369.

El Dios rico en misericordia se dolió cuando vio nuestra miseria y pobreza espiritual. Aunque satisfacer las pasiones carnales en medio de la incredulidad pareciera riqueza de placer, en realidad evidencia una profunda pobreza de espíritu. Dios nos salvó porque tuvo misericordia. Pero también, nos salvó por el gran amor con que nos amó. No existe mérito alguno en nuestra salvación. Fue la gran misericordia y el amor de Dios lo que nos alcanzó. Y ese amor de Dios expresado hacia nosotros, por gracia, trajo como resultados tres beneficios, explicados en el pasaje de Efesios que estamos analizando:

- Dios nos dio vida juntamente con Cristo (Ef. 2:5).
- Dios nos resucitó juntamente con Él (Ef. 2:6).
- Dios, en unión con Cristo, nos sentó juntamente con Él en los lugares celestiales (Ef. 2:6).

Entonces, si nosotros no merecemos un favor tan extraordinario, ¿por qué Dios nos concedió semejante privilegio? La respuesta está en nuestro texto de Efesios: «A fin de poder mostrar en los siglos venideros las sobreabundantes riquezas de Su gracia por Su bondad para con nosotros en Cristo Jesús» (Ef. 2:7). Cuando la totalidad de los redimidos se haya completado, nuestra salvación proclamará la gloria de la gracia de Dios en Cristo Jesús (Ef. 1:6).

## Una gracia que nos santifica

Esta gracia inmerecida y desplegada a través de Jesucristo, también es la que nos santifica. La justificación que Cristo logró en la cruz está conectada directamente con nuestra santificación. Y esta santificación se lleva a cabo por medio de la gracia. Cuando Pablo escribió a la iglesia en Corinto nos enseñó que «estamos siendo transformados en la misma imagen de gloria en gloria como por el Señor, el Espíritu» (2 Co. 3:18). Nosotros no podemos producir una transformación interna. Más bien, somos el objeto de la obra transformadora del Espíritu de Dios. Por eso, Pablo le recuerda a Tito que la gracia salvadora es también la que nos santifica al apartarnos de los deseos mundanos (Tit 2:12). Aun en medio de tantos tropiezos de nuestro proceso de santificación, experimentamos la gracia de Dios cuando hacemos promesas que no cumplimos; cuando vivimos confiados en nuestra propia suficiencia; cuando buscamos el placer como si todavía fuéramos hijos de ira; cuando dejamos de leer Su palabra y, por tanto, no andamos según la verdad del evangelio; cuando aparentamos ser una cosa en la iglesia, pero somos otra fuera de ella.

En el camino hacia la santidad a veces obedecemos, y otras veces desobedecemos. Cuando obedecemos Dios nos bendice, no porque nosotros nos hayamos ganado esa bendición, sino más bien por Su gracia. Recuerda que no hay nada que podamos ganar, porque nada de lo que hacemos podrá satisfacer las demandas de la justicia de Dios, pues nuestra obediencia nunca será perfecta. Eso fue lo que Jesús enseñó a Sus discípulos sobre la fe y el servicio: «Así también ustedes, cuando hayan hecho todo lo que se les ha ordenado, digan: "Siervos inútiles somos; hemos hecho solo lo que debíamos haber hecho"» (Lc. 17:10).

## Una gracia soberana

La gracia de Dios es soberana sobre todo, y particularmente en Su salvación. Prestemos atención al siguiente texto que nos habla de la gracia soberana de forma llana:

> Y no solo esto, sino que también Rebeca concibió mellizos de uno, nuestro padre Isaac. Porque cuando aún los mellizos no habían nacido, y no habían hecho nada, ni bueno ni malo, para que el propósito de Dios conforme a Su elección permaneciera, no por las obras, sino por Aquel que llama, se le dijo a Rebeca: «El mayor servirá al menor». Tal como está escrito:

«A Jacob amé, pero a Esaú aborrecí». ¿Qué diremos entonces? ¿Qué hay injusticia en Dios? ¡De ningún modo! Porque Él dice a Moisés: «Tendré misericordia del que Yo tenga misericordia, y tendré compasión del que Yo tenga compasión». Así que no depende del que quiere ni del que corre, sino de Dios que tiene misericordia. Porque la Escritura dice a Faraón: «Para esto mismo te he levantado, para demostrar Mi poder en ti, y para que Mi nombre sea proclamado por toda la tierra». Así que Dios tiene misericordia, del que quiere y al que quiere endurece. (Ro. 9:10-18)

En este texto no hay duda alguna de que Dios ha hecho la elección de una persona sobre otra; pero Dios no nos ha revelado por qué hizo tal elección. Lo que sí queda claro en el vocabulario de lo que acabamos de leer es que esta elección fue una decisión soberana basada en Su perfecta voluntad.

En nuestra condición de criaturas hechas del polvo de la tierra, no tenemos derecho ni potestad para cuestionar al Alfarero respecto a lo que Él hace y nosotros no entendemos. De hecho, el apóstol Pablo expone que nuestra salvación no depende del que quiere ni del que corre, sino de Dios que tiene misericordia. Alguna vez te has preguntado, ¿por qué? Porque nadie quiere ser salvado, nadie busca a Dios, no hay ni un justo (Ro. 3:10-11). Y no se trata simplemente de ser pecadores, sino peor aún: estábamos muertos espiritualmente en nuestros delitos y pecados. Estábamos incapacitados por completo debido a la caída de Adán y Eva; tanto es así que Pablo escribió que la mente del hombre inconverso, «no se sujeta a la ley de Dios, pues ni siquiera puede hacerlo» (Ro. 8:7). Es Dios, a través de la obra regeneradora del Espíritu, quien nos capacita para entender el mensaje del evangelio, y nos da la fe para creer Su verdad. Por Su gracia somos salvados. En teología decimos que Su gracia es operativa o eficaz porque cuando el pecador la recibe lo capacita para creer. Esta gracia soberana también ha sido llamada irresistible.

## Una gracia que preserva y prevé

Somos santificados y redimidos por gracia. Pero también somos preservados por ella porque, de lo contrario, nos descarriaríamos del camino más de una vez, en espera de nuestra redención final. En nuestro andar, a veces nos desencantamos y es Su gracia la que nos insta: «Regresa». A veces nos deprimimos, y es Su gracia la que nos levanta. A veces nos irritamos con Dios, y es Su gracia la que nos susurra al oído: «Hijo, no tienes razón para irritarte. Recuerda de dónde has venido y quién te ha sostenido».

Dios es poderoso para guardarnos hasta el final, no nosotros. Así lo explica Judas, el hermano de Jacobo:

> Y a Aquel que es poderoso para guardarlos a ustedes sin caída y para presentarlos sin mancha en presencia de Su gloria con gran alegría, al único Dios nuestro Salvador, por medio de Jesucristo nuestro Señor, sea gloria, majestad, dominio y autoridad, antes de todo tiempo, y ahora y por todos los siglos. Amén. (Jud. 1:24-25)

Dios, en Su gracia, no solo nos preserva, sino que también previó desde antes de la fundación del mundo que Adán y Eva caerían. Y asimismo previó la manera en que traería redención a Sus criaturas. El apóstol Pedro nos dice:

> Ustedes saben que no fueron redimidos de su vana manera de vivir heredada de sus padres con cosas perecederas como oro o plata, sino con sangre preciosa, como de un cordero sin tacha y sin mancha: la sangre de Cristo. Porque **Él estaba preparado desde antes de la fundación del mundo**, pero se ha manifestado en estos últimos tiempos por amor a ustedes. (1 P. 1:18-20, énfasis agregado)

La gracia de Dios es como un hombre que decide prestarle dinero a alguien que sabe de antemano que no le va a pagar. Y aun sabiendo que no le pagará, comienza a hacer planes para pagarse a sí mismo la deuda. ¡Eso es lo que Dios hizo con nosotros! Es una gracia previsora y eterna (2 Ti. 1:9).

## Una gracia suficiente

Por último, la gracia de Dios es suficiente para las diferentes circunstancias y dificultades de la vida. En su primera carta a los Corintios, el apóstol Pablo compartió: «Pero por la gracia de Dios soy lo que soy, y Su gracia para conmigo no resultó vana. Antes bien he trabajado mucho más que todos ellos, aunque no yo, sino la gracia de Dios en mí» (1 Co. 15:10). Pablo menciona en tres ocasiones la gracia de Dios. Y en la tercera, él dice que por la gracia de Dios ha trabajado mucho más que los demás. ¿Por qué? Porque la gracia de Dios nos da el poder para la vida diaria.

Como pastor, yo necesito la gracia de Dios para predicar, enseñar, evangelizar, aconsejar, para continuar la carrera sin desmayar, ministrar a los que están muriendo, perseverar bajo las injurias, los insultos y las acusaciones falsas. Para todas y cada una de mis funciones y actividades, yo necesito la gracia de Dios. Escucha la manera en que Pedro lo explica en su carta: «Y después de que hayan sufrido un poco de tiempo, el Dios de toda gracia, que los llamó a Su gloria eterna en Cristo, Él mismo los perfeccionará, afirmará, fortalecerá, y establecerá» (1 P. 5:10). Es hermoso entender que la perfección es el camino a la santificación. La manera en que nos afirma nos ayudará a estar más estables bajo presión sin negar la fe. Nos fortalece en medio de las circunstancias que podrían quebrarnos. Y nos establece en el presente, es decir, nos hará sentir más seguros en Cristo Jesús en medio de las dificultades. De igual manera, con Él estaremos sentados en los lugares celestiales. De hecho, Efesios 2:6, habla de que ya estamos sentados en dichos lugares debido a que estamos en Cristo. ¿Quién hace todo eso? El Dios de toda gracia.

Su gracia nos capacita para hacer frente a las grandes dificultades de la vida. El apóstol Pablo recibió un aguijón en la carne que lo abofeteaba para que no se enalteciera de sus revelaciones. No estamos seguros exactamente, cual fue dicho aguijón; pero independientemente de la naturaleza del mismo, lo cierto es que Pablo llegó a pedirle a Dios que se lo quitara. Pero esta fue la respuesta de Dios: «Te basta Mi gracia, pues Mi poder se perfecciona en la debilidad. Por tanto, con muchísimo gusto me gloriaré más bien en mis debilidades, para que el poder de Cristo more en mí» (2 Co. 12:9). Dios hace Su mejor trabajo a través de los aguijones que decide no eliminar, para que yo pueda lidiar con ellos por medio de Su gracia, y que la imagen de Cristo sea formada en mí. Como escribió el salmista: «Bueno es para mí ser afligido, para que aprenda Tus estatutos» (Sal. 119:71).

La gracia de Dios es inmerecida, santificadora, soberana, preservadora, previsora, eterna y todosuficiente. En una ocasión, hace muchos años, un maquinista de puentes mecánicos en Estados Unidos —aquellos que se elevan y que se abren para permitir el paso de embarcaciones de un lado a otro— fue a trabajar junto a su hijo Greg. Mientras su padre trabajaba, el niño de 8 años se entretenía jugando. De repente, en un instante, cuando el puente estaba abierto, el maquinista vio que su hijo se había caído en la zona por donde el puente abría y cerraba. Cuando él se propuso ayudar a su hijo, escuchó la bocina del tren Mississippi Express que se aproximaba. Rápidamente calculó el tiempo y se dio cuenta que era imposible salvar a su hijo y cerrar el puente antes que el tren pasara. Con profundo dolor, el maquinista tomó la decisión más difícil de su vida: cerró el puente para salvar la vida de unas 400 personas que venían en el tren, mientras su hijo perdió la vida entre las bisagras del puente. Este hombre, con lágrimas en sus ojos, miró con detenimiento el tren que pasaba lentamente frente a él, mientras observaba a personas riendo, tomando vino, comiendo y disfrutando de los placeres. En ese momento gritó a todo pulmón: «¡Yo acabo de sacrificar a mi hijo, ¿y a ustedes no les importa?!». De la misma manera, Dios Padre sacrificó a Su único Hijo en la cruz, mientras la humanidad bebía y comía, como en los días de Noé. ¿Puedes imaginarte al Padre gritando desde el cielo: «¡Yo he sacrificado a mi Hijo, ¿y a ustedes no les importa?!».

La misericordia de Dios Padre llevó a Su Hijo a la cruz para que nosotros no tuviéramos que ser condenados. La gracia de Dios desplegada a través de Su Hijo nos ha cubierto para que podamos ir al Padre. Y el Espíritu Santo tiene el poder para preservarme hasta el final.

Una vez que hemos entendido la gracia de Dios, de la manera como Él nos la ha manifestado a nosotros, la única respuesta lógica y natural sería una vida ofrecida a Él para Su gloria. De lograr tal entendimiento, viviríamos completamente entregados a los propósitos de Dios, sin importar el costo, de la misma forma que lo hizo el apóstol Pablo. Es la razón por la que Pablo escribió a los Corintios:

> Pues el amor de Cristo nos apremia, habiendo llegado a esta conclusión: que Uno murió por todos, y por consiguiente, todos murieron. Y por todos murió, **para que los que viven, ya no vivan para sí, sino para Aquel que murió y resucitó por ellos**. (2 Co. 5:14-15, énfasis agregado)

La palabra traducida «apremia» viene de un vocablo griego, que podría traducirse «obliga» (NVI), «controla» (NTV). Lo que Pablo está indicando es que cuando comprendes la gracia de Dios, que nos rescató de la oscuridad espiritual y de la muerte, entonces llegas a sentir que la única respuesta que tiene sentido lógico es morir a ti mismo para vivir rendido a Sus propósitos en cualquier lugar donde hayas sido colocado. Para el profesional cristiano, sería permanecer en dicha profesión buscando la forma de influenciar su entorno en la dirección del Reino de Dios. Para entender esto necesitamos igualmente entender que «en Él vivimos, nos movemos y existimos» (Hch. 17:28). «Porque de Él, por Él y para Él son todas las cosas. A Él sea la gloria para siempre. Amén» (Ro. 11:36).

# CAPÍTULO 12

# EL DIOS LENTO PARA LA IRA Y ABUNDANTE EN MISERICORDIA

El 12 de septiembre del 2006, sociólogos de la universidad de Baylor publicaron los resultados de un estudio que manifestaba las cuatro formas en que los norteamericanos definen a Dios. Una parte del estudio incluía la encuesta de la organización Gallup donde se identificaban las cuatro maneras diferentes como el mundo percibía la personalidad de Dios y cómo interactuaba con el mundo. Los investigadores resumieron los resultados de la siguiente manera. El 31.4% creía en un Dios autoritario, que estaba airado por los pecados del mundo y se involucraba en los asuntos de la vida de cada criatura y del mundo. El 23% creía en un Dios benevolente, perdonador, que recibe a cualquier persona que se arrepiente. El 16% creía en un Dios crítico que tiene un ojo de juicio sobre el mundo, pero que no va a intervenir ni para castigar ni para consolar a nadie. El 24.4 % creía en un Dios distante, algo así como una fuerza cósmica que creó el mundo y luego lo abandonó a sus propias leyes físicas. En resumen, el estudio encontró que los estadounidenses tienden a ver a Dios de cuatro maneras: autoritaria, benévola, crítica o distante.[45]

---

45. *Americans Split on God, in the The Baylor Lariat*; Sept 12, 2006; by Laura Frase.
https://www.baylor.edu/content/services/document.php?id=33825

Es increíble ver lo errada que está la humanidad en la forma como concibe a Dios. No hay duda de que Dios ha estado airado por los pecados del hombre, pues la carta a los Romanos y otros textos bíblicos dan testimonio de la ira de Dios que se revela contra toda impiedad e injusticia de aquellos que suprimen la verdad (Ro. 1:18). Pero también es cierto que Dios es benevolente y perdona a todos los que se acercan en arrepentimiento. Pero no olvidemos que Dios no es solamente amor y benevolencia, sino que también es justo. El tercer grupo de la encuesta que afirmó que Dios tiene un ojo crítico sobre el mundo y que no va a intervenir ni para castigarlo ni para consolarlo, está completamente equivocado. Esa es la idea que Satanás quisiera vendernos a través de filosofías e individuos que no conocen lo que Dios ha revelado de Sí mismo. Eso es lo que sucede cuando tratas de definir a Dios conforme a tu propia concepción, distorsionado por tus intereses caídos, en lugar de conocerlo por medio de su propia revelación.

## El Dios que se ha revelado

En este capítulo estudiaremos uno de los atributos de Dios que muestra Su gran bondad hacia Sus criaturas: la misericordia. En Éxodo 34:6-9 leemos que Dios se define así mismo, eliminando cualquier concepto proveniente de sociólogos, psicólogos, antropólogos, hombres de ciencia o de cualquier otra índole. Pero antes de leer este texto, necesitamos entender su contexto. En Éxodo 33:18, Moisés le pide a Dios: «Te ruego que me muestres Tu gloria». Y Dios le responde inmediatamente:

Yo haré pasar toda Mi bondad delante de ti, y proclamaré el nombre del Señor delante de ti. Tendré misericordia del que tendré misericordia, y tendré compasión de quien tendré compasión». Y añadió: «No puedes ver Mi rostro; porque nadie me puede ver, y vivir... y sucederá que al pasar Mi gloria, te pondré en una hendidura de la peña y te cubriré con Mi mano hasta que Yo haya pasado. Después apartaré mi mano y verás Mis espaldas; pero Mi rostro no se verá». (Ex. 33:19-20,22-23)

Dios le indicó a Moisés que iba a revelarse a él, pero también le deja saber que ningún mortal puede ver Su rostro y vivir. Después de esta conversación inicial, Dios hace subir a Moisés al monte y le da tres instrucciones. La primera instrucción es que debía labrar dos tablas de piedra, porque las dos primeras habían sido destruidas cuando encontró al pueblo de Dios adorando al becerro de oro (Ex. 32). En aquel momento, la comunión con Dios se rompió y el tabernáculo fue trasladado a las afueras del campamento. Al darles los diez mandamientos por segunda vez, Dios demostró que estaba dispuesto a restaurar Su relación con ellos, pero esta vez Moisés era quien debía labrar las tablas de piedra (Ex 33:27).

La segunda instrucción fue: «Prepárate, pues, para la mañana, y sube temprano al monte Sinaí, y allí preséntate a Mí en la cumbre del monte» (Ex. 34:2). Observa cómo Dios le ordena a Moisés que se prepare para el encuentro. La preparación es un requisito para la comunión. Es necesario que tengamos una disposición de espíritu, corazón, pensamiento y conducta para buscar el rostro de Dios. En ocasiones no hemos encontrado la presencia de Dios porque no nos hemos preparado para el encuentro.

La tercera instrucción es que nadie más debía subir al monte ni siquiera un animal (Ex. 34:3). Cuando Moisés cumplió con estos requisitos, Dios estuvo dispuesto a pasar delante de él. Al hacerlo, se reveló a Sí mismo de una forma muy particular:

Entonces pasó el Señor por delante de él y proclamó: «El Señor, el Señor, Dios compasivo y clemente, lento para la ira y abundante en misericordia y verdad; que guarda misericordia a millares, el que perdona la iniquidad, la transgresión y el pecado, y que no tendrá por inocente al culpable; que castiga la iniquidad de los padres sobre los hijos y sobre los hijos de los hijos hasta la tercera y cuarta generación». Moisés se apresuró a inclinarse a tierra y adoró, y dijo: «Si ahora, Señor, he hallado gracia ante Tus ojos, vaya ahora el Señor en medio de nosotros, aunque el pueblo sea terco. Perdona nuestra iniquidad y nuestro pecado, y tómanos por posesión Tuya». (Ex. 34:6-9)

Estas palabras son vitales porque es la manera como Dios se reveló a Sí mismo. Representan la forma como Dios quiere que pensemos de Él. En este pasaje, y en el resto de la Biblia, encontramos expresiones similares describiendo estos atributos mencionados:

- «El Señor es clemente y compasivo y lento para la ira» (Neh. 9:17).
- «Mas tú, Señor, eres un Dios compasivo y lleno de piedad, lento para la ira y abundante en misericordia y verdad» (Sal. 86:15).
- «Compasivo y clemente es el Señor, lento para la ira y grande en misericordia» (Sal. 103:8).
- «Clemente y compasivo es el Señor, lento para la ira y grande en misericordia» (Sal. 145:8).
- «Volved ahora al Señor vuestro Dios, porque Él es compasivo y clemente, lento para la ira, abundante en misericordia» (Jl. 2:13b).
- «Sabía yo que Tú eres un Dios clemente y compasivo lento para la ira y rico en misericordia» (Jon. 4:2b).

Cuando Dios enfatiza algo tantas veces es porque necesitamos prestarle atención. En Éxodo 34, Dios comienza Su autodefinición con la palabra «SEÑOR» con cada letra en mayúscula. Es la forma usada por los traductores de la Biblia para referirse al nombre «Jehová», el «Yo Soy». Fue el nombre con el que Dios se reveló a Moisés en el desierto, enseñándole que Él es quien tiene vida en Sí mismo y no depende de nada ni de nadie. Él es el Dios autosuficiente y, por tanto, era el único que podía sostener al pueblo en el desierto. Él proveyó cada una de las cosas que ellos necesitaron, sin necesidad de ayuda de nadie. Jehová es el Dios eterno que no envejece, no se cansa, no se desgasta, y es el mismo desde el inicio hasta el final (Is. 40:21-31).

## El Dios compasivo y clemente

Además de revelarse como el «Yo Soy, Yo Soy», mostrándoles cómo referirse a Él, Dios también les enseñó algo sobre Su esencia: Dios compasivo y clemente (Ex. 34:6). La compasión es la cualidad que hace que Él sienta empatía por Sus criaturas, y aún más por Sus hijos. Como Dios es compasivo, entonces entiende nuestras luchas, nuestras dificultades y nuestro dolor. Por eso, el autor de Hebreos afirmó que «no tenemos un Sumo Sacerdote que no pueda compadecerse de nuestras flaquezas» (He. 4:15). Eso es posible gracias a Su compasión. El famoso teólogo B. B. Warfield (1851-1921), quien fuera profesor y director del Seminario de Princeton, antes de ser un bastión del liberalismo, escribió un breve libro titulado, *The Emotional Life of Our Lord* (La Vida Emocional de Nuestro Señor). Allí Warfield argumenta que la cualidad principal del mundo emocional de Jesús, a lo largo de Su ministerio, fue Su espíritu de compasión. Observa la manera en que lo evidencia Mateo: «Al oír esto, Jesús se retiró de allí en una barca, solo, a un lugar desierto; y cuando las multitudes lo supieron, le siguieron a pie desde las ciudades. Y al desembarcar, vio una gran multitud, y *tuvo compasión* de ellos y sanó a sus enfermos» (Mt. 14:13-14, LBLA, cursivas añadidas). La compasión forma parte de la esencia misma de Dios.

Dios es compasivo porque entiende las consecuencias que enfrentaremos si Él no interviene en nuestras vidas. Él sabe las adversidades que viviremos si le damos riendas sueltas al pecado; las consecuencias dolorosas, pesadas y extendidas que dejan huellas difíciles de borrar en el corazón. Cuando Dios ve esas heridas y cicatrices, se conduele. La palabra compasión proviene de la raíz griega *splánjnon,* que significa *entrañas* (ej. el corazón, los pulmones, el hígado o los riñones). Es una metáfora usada para referirse a una emoción muy profunda. Jesús fue profundamente conmovido al ver la multitud. Recuerda que en Él habitaba la plenitud de la divinidad, de modo que lo que Jesús sintió es lo mismo que Dios Padre siente por los Suyos. La compasión fue lo que Jonás rechazó de Dios, cuando rehusó ir a Nínive porque sabía que el Dios «de grande misericordia» terminaría perdonando el pecado de ellos (Jon. 4:2). Paradójicamente, sin esa abundante compasión, Dios le habría quitado la vida a Jonás mismo por considerarse superior a otros, por su dureza de corazón, por su ira injusta y por contender contra Dios.

Dios es compasivo, pero también es *clemente.* La palabra clemente significa «lleno de gracia». Gracia es lo que hace que Dios nos dé salvación aun cuando no la merecemos. Este es un atributo fácil de entender a la luz de nuestra salvación y el perdón de pecados, pero es más difícil de comprender en el vivir diario. Permíteme ilustrarlo. Gracia es la explicación de por qué tenemos todo lo que tenemos, a pesar de no merecerlo. Gracia es la razón de por qué permanecemos en un trabajo, cuando en realidad merecemos ser despedidos. Gracia es la explicación a nuestra promoción en un trabajo o a un aumento salarial, aunque nuestro desempeño no fuera sobresaliente. Gracia explica por qué ha impedido Dios que otros se enteren de los pecados que cometemos en privado, al menos hasta que «agotemos» Su paciencia. Gracia es poder predicar Su Palabra infalible a pesar de nuestra falibilidad. Gracia es que Dios nos permita enseñar Su Palabra, a pesar de que a veces no la pongamos en práctica. Gracia es también cómo somos llamados a ser pastores o líderes de Su iglesia, la que Él compró a precio de sangre. Gracia es la única razón por la que Dios te permite aconsejar a las ovejas del Señor, a pesar de que tú mismo necesites ser aconsejado por otros a lo largo del camino. Gracia es oír las intimidades de otros, cuando tú no compartes las tuyas con nadie. Por gracia, Dios sigue tratando contigo, a pesar de haberte llamado la atención por la misma falta una y otra vez.

## El Dios de la paciencia

Dios es compasivo y clemente, pero también es *lento para la ira*. Este atributo describe muy bien la paciencia divina. En su carta a los Romanos, Pablo llama a Dios «el Dios de la paciencia» (Ro. 15:5). Cuando hablamos de la paciencia de Dios, nos referimos a la disposición del corazón de Dios que, odiando el pecado, puede esperar por mucho tiempo el arrepentimiento del hombre. En los días de Noé, Dios esperó por 120 años el arrepentimiento de un pueblo que vivía sumergido en corrupción. Después de la división del reino de Israel (931 a. C.), Dios esperó más de 200 años a los habitantes del Reino del Norte, llamándolos al arrepentimiento antes de enviarlos al exilio. Luego esperó más de 125 años a los habitantes del Reino del Sur, llamándolos al arrepentimiento, antes de enviarlos al exilio. La paciencia de Dios es la inclinación bondadosa de Su corazón al ver la pobreza espiritual del pecador, decidiendo restringir Su poder y Su juicio para otorgar el castigo merecido y derramar justamente Su ira sobre el trasgresor.

Dios ha sido lento para la ira con Su pueblo, y también ha sido paciente contigo. ¿Estará Dios reteniendo Su juicio sobre ti, mostrándote Su paciencia durante el tiempo en que te ha visto cometer el mismo pecado una y otra vez? Entenderíamos mejor la paciencia de Dios si nos percatáramos de las maneras en que Él ha restringido Su justicia. Cuántas violaciones, actos de fornicación, adulterios, robos, homicidios, abortos, actos de pornografía y homosexualidad ha visto el Señor y, a pesar de ello, sigue reteniendo Su juicio mientras espera pacientemente el arrepentimiento de los seres humanos. Por eso escribió el apóstol Pedro: «El Señor no se tarda en cumplir Su promesa, según algunos entienden la tardanza, sino que es paciente para con ustedes, no queriendo que nadie perezca, sino que todos vengan al arrepentimiento» (2 P. 3:9).

Considera todo el tiempo que viviste dándole la espalda a Dios, siendo irreverente con Él e ignorando Su santidad. ¿Con cuánta paciencia te esperó Dios (o te sigue esperando) hasta el día de tu arrepentimiento? Su paciencia es tan grande que ha tolerado el pecado diario de millones de personas. Ahora bien, una cosa es tolerar algo que te disgusta y otra cosa es tolerar algo que ofende tu esencia misma. Pero Dios, que es lento para la ira, teniendo el poder y derecho para castigar la maldad de los hombres de manera instantánea, frecuentemente no lo hace, sino que ha decidido esperar.[46] ¿Por qué? Porque Dios es lento para la ira. Cuando hablamos de que Dios es lento para la ira, nos referimos a la paciencia divina. Nota cómo le habla Pablo al inconverso en Romanos 2, pero igualmente podríamos pensar en el creyente que ha estado pecando de una misma manera por algunos años, ignorando la paciencia de Dios. Veamos la enseñanza de Pablo en **Romanos 2:4**:

> ¿O tienes en poco las riquezas de Su bondad, tolerancia y paciencia, ignorando que la bondad de Dios te guía al arrepentimiento.

Cuando Pablo habla de tener en poco las riquezas de Su bondad está haciendo referencia a cómo ese hombre no aprecia la oportunidad que Dios le brinda de arrepentirse y en vez de hacer uso de esa oportunidad, ese hombre se burla de Dios, como dice Pedro en 2 P. 3:3.

La tolerancia habla de cómo Dios permite, sin aprobar, el pecado del hombre con un propósito definido y ese propósito es acabar despertando al pecador a la realidad y a lo oscuro de su pecado. La paciencia divina le provee al pecador tiempo y oportunidad para

---

46. Ver George Swinnock, *The Incomparableness of God* (pdf), pág. 56-58.

volver y regresar a Él. Por eso explica Pablo que la bondad de Dios es la que nos guía al arrepentimiento. El hombre es indiferente a la paciencia de Dios y cuando Él decide no esperar más, ese hombre juzga a Dios de injusto cuando, en realidad, Dios siempre ha esperado por un largo tiempo. Mira lo que expresa Pablo en Romanos 2:4-6, en la NTV:

> ¿No te das cuenta de lo bondadoso, tolerante y paciente que es Dios contigo? ¿Acaso eso no significa nada para ti? ¿No ves que la bondad de Dios es para guiarte a que te arrepientas y abandones tu pecado? Pero eres terco y te niegas a arrepentirte y abandonar tu pecado, por eso vas acumulando un castigo terrible para ti mismo (NBLA: «estás acumulando ira para ti en el día de la ira»). Pues se acerca el día de la ira, en el cual se manifestará el justo juicio de Dios. Él juzgará a cada uno según lo que haya hecho.

En un devocional que habla del poder transformador de la Palabra, el pastor Alistair Begg advirtió que «existe un gran peligro cuando escuchamos la Palabra superficialmente o con olvido deliberado. Cuanto más nos sentamos bajo la instrucción de la Biblia sin ser transformados por ella, menos probable se vuelve la posibilidad de tal cambio. Nos volvemos insensibles a la verdad y cada vez más impermeables a Su poder transformador».[47] En otras palabras, cuantos más sermones escuchas y más lees la Palabra de Dios, renuente a ser permeado por la verdad del evangelio, menor es la posibilidad de llegar alguna vez a ser transformado.

---

47. Alistair Begg, *The Mirror of God's Word*; https://www.truthforlife.org/devotionals/alistair-begg/4/11/2023/.

# El Dios abundante en misericordia y verdad

La expresión «abundante en misericordia» aparece múltiples veces en el Antiguo Testamento. En su libro *Delighting in God* (Deleitándome en Dios), A. W. Tozer dice que:

> Tanto el Antiguo Testamento como el Nuevo declaran la misericordia de Dios. A veces pensamos que hay más misericordia divina en el Nuevo Testamento. Lo extraño es que el Antiguo Testamento alude cuatro veces más a la misericordia de Dios, que el Nuevo. Se nos ha enseñado que el Antiguo Testamento es un libro de ley y que el Nuevo Testamento es un libro de gracia. Que el Antiguo Testamento es un libro de juicio y que el Nuevo Testamento es un libro de misericordia... Pero la verdad es que Dios es misericordioso y Su misericordia es perfecta, infinitamente perfecta».[48]

La misericordia es el cuarto atributo que Dios le reveló a Moisés aquel día cuando pasó frente a él. En hebreo, la palabra para misericordia es *kjésed* que tiene que ver con la bondad de Dios otorgada a pecadores que no la merecen, en el contexto del sufrimiento. Charles Spurgeon decía que la misericordia fue el último atributo que nació de Dios porque no fue necesario hasta que el hombre pecó.[49] Esto tiene sentido porque el pecado trajo el sufrimiento, y Dios expresa Su misericordia cuando ve sufrir al hombre. En la Biblia encontramos varios ejemplos de esto. Cuando dos ciegos escucharon que Jesús iba pasando cerca de ellos, clamaron: «¡Hijo de David, ten misericordia de nosotros !» (Mt. 9:27). Cuando el

---

48. A. W. Tozer, *Delighting in God*, Cap. 12, Our Perception of God's mercy, Edición Kindle, 127 de 182.
49. Charles Spurgeon, «A Proclamation from the King of kings», en *The Treasury of the Old Testament* (Londres: Marshall, Morgan and Scott, n.d.), 4:5.

padre del endemoniado lo trajo delante de Jesús, le suplicó: «Ten misericordia de nosotros y ayúdanos» (Mr. 9:22). Cuando Jesús vio a las multitudes como ovejas sin pastor, el evangelista señala que tuvo compasión o misericordia de ellas (Mr. 6:34). La misericordia de Dios lo hace lento para la ira. Es como si Su propia gracia y Su misericordia controlaran o regularan Su carácter. Cuando Dios refrena Su ira, está ejerciendo un poder de control sobre Sí mismo; y cuando actúa así, lo hace para Su propia gloria y para beneficio de Sus criaturas.

El relato del Éxodo nos enseña que Dios es abundante en misericordia, pero también en *verdad*. La palabra hebrea para verdad es *emet,* que significa firme o estable. Dios es firme y estable, es decir, no está de un humor hoy y mañana de otro. Dios no me trata de una manera hoy, simplemente porque ha amanecido así. La palabra «verdad» también se puede traducir como fiel o confiable. Tú puedes confiar en Dios, en todas y cada una de las circunstancias en las que te puedas encontrar, en cualquier día y a cualquier hora. El salmista describió a Dios como «Dios de verdad» (Sal. 31:5). La verdad es parte de Su esencia y, por lo tanto, odia la mentira. Si sacas al pez del agua, odiará estar en tierra porque le resulta adverso a su naturaleza. De la misma manera, la mentira resulta contraria a la naturaleza de Dios. Esta es la razón por la que Cristo dijo: «Yo soy el camino, la verdad y la vida» (Jn. 14:6). Cristo estaba definiéndose a Sí mismo.

Todos los hombres son mentirosos, pero Dios es abundante en verdad (Sal. 116:11). Aunque nos tolera y es paciente, advierte que no tendrá por inocente al culpable. El hecho de que Dios no tenga por inocente al culpable explica la cruz de Cristo. En el Calvario, Él cargó con mis pecados y fue declarado culpable, de manera que Dios no podía tratarlo como inocente (2 Co. 5:21). El Dios que se describe a Sí mismo como compasivo, clemente, lento para la ira y abundante en misericordia, también nos recuerda que es justo y que condenará el pecado, para que el hombre no abuse de Su paciencia y no se sorprenda cuando lo envíe al exilio.

## Nuestra respuesta al Dios revelado

¿Cómo debemos responder ante esta revelación del carácter de Dios? En el relato del Éxodo, leemos que tras escuchar a Dios, «Moisés se apresuró a inclinarse a tierra y adoró» (Ex. 34:8). Es la respuesta natural de todo aquel que conoce a Dios como Él mismo se ha revelado. Moisés no tuvo que tomar clases sobre cómo adorar. Lo único que necesitó fue ver a Dios tal como es. Más que enseñar al pueblo de Dios cómo adorar, tenemos que ayudarlo a conocer a Dios por lo que Él es. Hasta que el cristiano no vea a Dios como Él es, la adoración seguirá siendo una actividad superficial: palabras sin significado, movimientos sin conocimiento, pasión sin corazón, aplausos sin gozo, danzas sin reverencia, sermón sin un mensaje, sobriedad sin santidad, instrumentos afinados con corazones desafinados, algarabía en lugar de alegría. Todo esto ocurrirá en torno a un becerro de oro concebido en nuestra mente, pero no alrededor del Cordero de Dios.

Moisés sabía lo que el pueblo era capaz de hacer. Por eso, cuando estaba en el monte hablando con Dios, le insistió: «Si ahora, Señor, he hallado gracia ante tus ojos, vaya ahora el Señor en medio de nosotros, aunque el pueblo sea de dura cerviz; y perdona nuestra iniquidad y nuestro pecado, y tómanos por posesión tuya» (Ex. 34:9, LBLA). Moisés apeló al carácter benevolente de Dios, y el Señor respondió: «Voy a hacer un pacto» (v. 10). Un acuerdo donde desplegó todo Su carácter justo y compasivo, lento para la ira y grande en amor y misericordia. En su libro *Nuevas Misericordias*, el pastor Paul Tripp escribió:

> Una de las asombrosas realidades de la vida cristiana es que en un mundo donde todo está en estado de descomposición, las misericordias de Dios nunca envejecen. Nunca se agotan.

Nunca llegan en mal momento. Nunca se secan. Nunca se debilitan. Nunca se cansan. Nunca dejan de satisfacer la necesidad. Nunca defraudan.

Las misericordias de Dios nunca fallan, porque son nuevas cada mañana. Sus misericordias están diseñadas para los desafíos, las decepciones, los sufrimientos, las tentaciones y las luchas con el pecado interior y exterior. En ocasiones son:

Misericordias impresionantes.
Misericordias que nos reprenden.
Misericordias que nos fortalecen.
Misericordias que dan esperanza.
Misericordias que exponen el corazón.
Misericordias rescatadoras.
Misericordias transformadoras.
Misericordias perdonadoras.
Misericordias que traen provisión.
Misericordias incómodas.
Misericordias que revelan gloria.
Misericordias que iluminan la verdad.
Misericordias que dan valor.

Las misericordias de Dios no vienen de un solo color; no, ellas vienen en todos los matices de cada del arcoíris de la gracia de Dios.[50] Ciertamente, Su gracia es suficiente para todas las circunstancias de la vida en las que podamos encontrarnos. Nunca olvides que, en Su misericordia, Dios se conduele de nosotros. En Su amor, Él sale a buscarnos. En Su gracia, Dios nos salva del pecado en que nos encontrábamos.

---

50. Paul David Tripp, *New Morning Mercies* (Wheaton: Crossway, 2014), bio, pág. 13 de 793.

# CAPÍTULO 13

# EL DIOS FIEL
# A UN PUEBLO INFIEL

Durante los últimos capítulos hemos estudiado los atributos de Dios que caracterizan Su bondad: el amor incondicional que nos eligió, la gracia inmerecida que nos salvó, la misericordia abundante que nos consuela y la paciencia inagotable que nos invita al arrepentimiento. En este capítulo hablaremos de la fidelidad de Dios a Sus propósitos y a Sus hijos.

## Definiendo la fidelidad de Dios

Cuando hablamos de la fidelidad de Dios nos referimos a que Él siempre hace lo que dice, siempre cumple lo prometido, y siempre es veraz. La razón por la cual Dios siempre puede hacer lo que dice, es porque es omnipotente. Es decir, nada ni nadie puede detener Su mano (Dn. 4:35). El profeta Isaías declaró que «si el SEÑOR de los ejércitos lo ha determinado, ¿quién puede frustrarlo?» (Is. 14:27). Dios siempre cumple Sus promesas porque es inmutable. La Biblia afirma que Él nunca cambia (Mal. 3:6). Todo Su ser es perfecto, Sus pensamientos son puros, Sus palabras son verdaderas y Sus juicios son justos. En Él no hay cambio ni sombra de variación (Stg. 1:17). Por último, Dios siempre dice la verdad porque no puede mentir (Nm. 23:19; 1 S. 15:29; He. 6:18). En Él no hay engaño porque es fiel y verdadero (Ap. 3:14).

Dios permanece fiel a sus propósitos porque Su fidelidad depende de Su carácter, de Su esencia, de lo que Él es, de lo que se ha propuesto, de lo que ha pactado, de lo que ha jurado y con lo que Él se ha comprometido. A. W. Tozer dijo que «Dios es Su propia razón de todo lo que Él es y hace. Él no puede ser forzado desde fuera, y siempre habla y actúa motivado desde Su interior, por Su propia voluntad soberana y conforme a lo que a Él le place».[51] Ahora mira la manera en que Dios mismo habla de Su fidelidad y de cómo opera a nuestro favor: «Porque Yo, el Señor, no cambio; por eso ustedes, oh hijos de Jacob, no han sido consumidos» (Mal. 3:6). En Su fidelidad nosotros permanecemos con vida porque en su fidelidad convergen todos Sus demás atributos. Si Dios no fuera omnipotente, no podría llevar a cabo Sus promesas, a pesar de tener los mejores deseos, el mayor amor incondicional y las mejores intenciones. Si no fuera todopoderoso, en algún momento las circunstancias vencerían Su poder. Pero eso es una imposibilidad. Si Dios no fuera omnisciente, no podría conocer las necesidades reales de Sus hijos para proveerles según lo ha prometido (Fil. 4:19) y según las necesidades. Si Dios no fuera omnipresente, no podría ser fiel a Su promesa de que estará con nosotros hasta el fin del mundo (Mt. 28:20).

La misericordia y la fidelidad de Dios son dos conceptos que están íntimamente relacionados en el Antiguo Testamento. Esas dos palabras suelen aparecer juntas en los mismos textos, resaltando dos énfasis principales: lo constante, firme e inmutable que es Dios. Lo fiel y leal que es a Su pacto.

## Dios es constante, firme e inmutable

La fidelidad de Dios es como una roca firme que no puede ser movida. De hecho, Moisés llama a Dios «La Roca», e inmediatamente

---

después añade que es el «Dios de fidelidad» (Dt. 32:4). Dios es la roca fiel en quien podemos confiar, sobre quien podemos construir nuestras vidas y en donde podemos anclar nuestro futuro. No importa lo infiel y cambiantes que nosotros hemos sido ni cómo nos hayamos conducido por generaciones; la fidelidad de Dios es firme e inmutable. Un ejemplo de esto es la vida del rey David, un hombre que experimentó las misericordias de Dios en medio de lo más oscuro de su pecado. En el Salmo 36, David reconoce: «Tu misericordia, oh SEÑOR, se extiende hasta los cielos, Tu fidelidad, hasta el firmamento» (Sal. 36:5). Es como si David estuviera diciendo que Su fidelidad llena toda la tierra y sigue hasta los cielos. Ciertamente es así porque «toda su obra es hecha con fidelidad» (Sal. 33:4). El salmista nos amplía el concepto de la fidelidad de Dios, cuando señala que «la fidelidad del SEÑOR es eterna» (Sal. 117:2). Antes de que existiéramos, Dios ya era fiel porque Su fidelidad forma parte de Su esencia. Su fidelidad se ha manifestado a lo largo de las generaciones (Sal. 100:5).

El segundo énfasis de la palabra «fidelidad» en el Antiguo Testamento está relacionado con la fidelidad de Dios a Su pacto. En Deuteronomio leemos: «Reconoce, pues, que el SEÑOR tu Dios es Dios, el Dios fiel, que guarda Su pacto y Su misericordia hasta mil generaciones con aquellos que lo aman y guardan Sus mandamientos» (Dt. 7:9). El pueblo de Israel merecía la destrucción debido a su infidelidad. Pero Dios rehusó abandonarlos porque les hizo una promesa, y permaneció fiel independientemente de cómo decidieron ellos actuar. Que Dios haya prometido ser fiel a Su pacto no significa que pasará por alto el pecado y no disciplinará a Su pueblo severamente con el fin de traerlos de regreso a Él. De hecho, Su disciplina es parte de la fidelidad que se ha jurado a Sí mismo. Dios puede disciplinarte severamente, y aún así mostrar Su fidelidad en tu vida. Escucha como lo expresa el salmista: «Yo sé, SEÑOR, que Tus juicios son justos, Y que en Tu fidelidad me has afligido» (Sal. 119:75). El profeta Jeremías también reconoció que aún en medio del juicio de Jerusalén, Dios estaba siendo fiel a Su pacto, a lo que había jurado, a Su carácter, a Su esencia y a la palabra que había dado, la cual no puede fallar.

El tercer énfasis de la fidelidad de Dios está en Su misericordia. Él es misericordioso y, por tanto, tiene compasión de nosotros cuando nos ve en nuestros pecados. Él odia nuestra maldad, pero al mismo tiempo odia las consecuencias que traemos sobre nosotros mismos. Cuando Dios ve nuestro dolor y sufrimiento, se duele porque tiene compasión y actúa a nuestro favor siendo movido por Su misericordia. Eso se traduce en fidelidad hacia aquellos que no han sido tan fieles, pero que están ahora sufriendo las consecuencias de su pecado. El profeta Isaías escribió: «En todas sus angustias Él estuvo afligido, Y el ángel de Su presencia los salvó. En Su amor y en Su compasión los redimió, los levantó y los sostuvo todos los días de antaño» (Is. 63:9). ¿Observas el orden? Primero, Dios se afligió por las angustias de Su pueblo. Y luego, los salvó, los redimió, los levantó y los sostuvo todos los días de antaño. ¿Por qué lo hizo? Lo hizo por Su amor.

En el Nuevo Testamento, estos énfasis en la fidelidad de Dios no solo son similares, sino que se presentan de una manera más contundente. La palabra griega para «fidelidad» es *pístis*. Cuando Pablo se refiere a la fidelidad de Dios, lo hace en términos de algo que no puede ser anulado por la infidelidad del hombre. Por eso le escribió a Timoteo: «Si somos infieles, Él permanece fiel pues no puede negarse Él mismo» (2 Ti. 2:13). Si hay una verdad bíblica que ha sido puesta a prueba, y que haya sido demostrada como veraz a lo largo del tiempo, es esta: Que Dios ha sido fiel y seguirá siendo fiel, a pesar de la infidelidad de Su pueblo. En la medida en que el cristiano desobedece, está poniendo a prueba la fidelidad de Dios. Pero Dios afirma que aunque tú seas infiel, Él permanecerá fiel por amor a Sí mismo, por la gloria de Su nombre, por la veracidad de Su palabra que no puede fallar y por la fidelidad a Su pacto hecho en la antigüedad.

## Dios es firme y leal a Su pacto

El libro de Lamentaciones recibe este nombre porque contiene cinco lamentos del profeta Jeremías después de la destrucción masiva de toda la ciudad de Jerusalén, incluidos el palacio y el templo. Es un libro corto que representa el funeral de una ciudad. Imagínate una ciudad en la que han muerto la mayoría de sus habitantes, las edificaciones y las actividades comerciales, y tú eres invitado a la funeraria para llorar por la muerte de esta ciudad, Jerusalén, la ciudad de Dios. Eso es literalmente lo que este breve libro representa: el funeral de Jerusalén escrito y llorado por el profeta Jeremías.

Quizás te resulte extraño que haya elegido este libro de la Biblia para hablar de la fidelidad de Dios. Probablemente suene más lógico usar Lamentaciones para hablar de la ira de Dios, porque indudablemente la destrucción de la ciudad vino como consecuencia del juicio severo de Dios hacia los habitantes que rehusaron arrepentirse de su pecado. Pero cuando consideramos la ira divina es cuando mejor vemos la fidelidad de Dios a Su pacto y Sus promesas. En medio de las peores condiciones, el profeta Jeremías termina reconociendo la fidelidad de Dios de una manera extraordinaria. Después de años de dolor físico, emocional y espiritual, Jeremías pudo haber pronunciado las palabras del salmista: «Ríos de lágrimas vierten mis ojos, porque ellos no guardan Tu ley» (Sal. 119:136). Jeremías había visto el pecado del pueblo en su violencia, sus injusticias, la corrupción de los jueces, la pecaminosidad de los sacerdotes y el sacrificio de niños quemados como ofrenda de libación a divinidades extrañas. Jeremías vio lo peor, y les advirtió del juicio severo que Dios traería sobre ellos. Pero el pueblo no hizo caso a Su mensaje.

No solo ignoraron el mensaje, sino que decidieron perseguir a Jeremías hasta ponerlo en la prisión, que se encontraba en el patio del palacio. Eventualmente, lo bajaron con una soga hasta el fondo de un pozo que no tenía agua, sino lodo. Allí, señala Jeremías, que se hundió en el lodo (Jer. 38:6). La intención era que se muriera de hambre, sed o debilidad. Pero terminaron sacándolo de allí. Jeremías vio la destrucción causada por las tropas de Nabucodonosor, durante tres invasiones diferentes (605 a. C., 597 a. C. y 586 a. C.). Durante la última invasión, Jerusalén fue completamente destruida y quemada hasta el punto de que el templo mismo quedó destruido; una forma como en la antigüedad se pensaba que se había alcanzado la victoria, no solo sobre los residentes de una ciudad, sino también sobre el Dios a quien ellos adoraban. Los ojos de Jeremías vieron la muerte de mucha gente y la destrucción de la ciudad.

Jeremías había llorado y vuelto a llorar porque veía cómo sus compatriotas no guardaban la ley de Dios, y cometían todo tipo de inmoralidad, engañando al prójimo, y fornicando para luego venir a adorar a Dios, pervirtiendo de múltiples maneras la adoración del Santo Dios. Jeremías entendía que todo lo que estaba sucediendo era fruto de la ira de Dios contra un pueblo, por su rebelión por cientos de años. De manera que, a pesar de que Nabucodonosor y sus tropas babilónicas eran las causantes de todo el daño que habían sufrido, detrás de este rey Nabucodonosor estaba la mano de Dios para traer juicio a Su propio pueblo. Jeremías lo entendió así, y por eso escribió:

> Yo soy el hombre que ha visto la aflicción
> A causa de la vara de Su furor.
> Él me ha llevado y me ha hecho andar
> En tinieblas y no en luz.
> Ciertamente contra mí ha vuelto y revuelto
> Su mano todo el día.
> Ha hecho que se consuman mi carne y mi piel,
> Ha quebrado mis huesos.
> Me ha sitiado y rodeado... (Lm. 3:1-5)

Jeremías entendió que era la vara del furor de Dios que había traído la destrucción sobre la ciudad. Pero, al mismo tiempo, sabía que estaba sufriendo el juicio que Dios había traído sobre Su pueblo, pues Jeremías era parte del pueblo y era el representante de Dios ante el pueblo. Como profeta de Dios, Jeremías sufrió un juicio que no le correspondía, pero que el pueblo sí merecía. Este relato nos apunta al Mesías que vendría. Él llevaría sobre Sus hombros el juicio de todos nosotros que, como los habitantes de Jerusalén, estábamos sumidos en la forma más vil de pecado. Pero el Hijo de Dios, como Jeremías pero en un grado superlativo, llevó sobre Sus hombros el juicio que Dios traería sobre nosotros, para acabar de proveer perdón y restauración. Del mismo modo, Dios comenzó a restaurar años después la ciudad de Jerusalén.

¿Cómo se relaciona este relato del libro de Jeremías con la fidelidad de Dios? Lee con atención las palabras del profeta:

Digo, pues: «Se me acabaron las fuerzas,
Y mi esperanza que venía del SEÑOR».
Acuérdate de mi aflicción y de mi vagar,
Del ajenjo y de la amargura.
Ciertamente mi alma lo recuerda
Y se abate mi alma dentro de mí.
Esto traigo a mi corazón,
Por esto tengo esperanza:
Que las misericordias del SEÑOR jamás terminan,
Pues nunca fallan Sus bondades;
Son nuevas cada mañana;
¡Grande es Tu fidelidad!
«El SEÑOR es mi porción», dice mi alma,
«Por tanto en Él espero».
Bueno es el SEÑOR para los que en Él esperan,
Para el alma que lo busca.
Bueno es esperar en silencio
La salvación del SEÑOR. (Lm. 3:18-26)

Estas palabras se escribieron en uno de los tiempos más difíciles de la nación de Israel. Para entonces, la ciudad de Jerusalén había caído. Los hijos de Dios habían sido llevados cautivos a Babilonia. Jeremías había estado llorando antes y después de la caída de Jerusalén. Ya no le quedaban fuerzas. Se sentía abatido y sin esperanza (v. 18). Jeremías le habla a Dios como si se hubiera olvidado de él. Es muy probable que orara múltiples veces, pidiendo ayuda en medio de su dolor físico y emocional, pero no encontró respuesta, y por eso le ruega: «Acuérdate de mi aflicción» (v. 19). Es como si Jeremías hubiese estado diciendo: *Mi aflicción es grande. Mi vida está llena de amargura. Mi alma lo sabe bien, y por eso me siento abatido dentro de mí.* Esas son palabras mayores de parte de un profeta.

Pero Jeremías no se queda en el lamento. En medio de la prueba, Jeremías empieza a pensar bíblicamente, a recordar las verdades que había aprendido con anterioridad y que probablemente había olvidado, y comienza a recordarse a sí mismo la verdad que había olvidado en medio del dolor. Presta atención a cómo lo expresa: «Esto traigo a mi corazón» (v. 21). La palabra traducida corazón puede verterse también como «mente». Esto traigo a mi *mente.* En medio de la crisis, nosotros nos hablamos mucho a nosotros mismos. Pero el problema es que con regularidad nos hablamos mentiras. Confiamos en nosotros mismos, maquinamos y manipulamos, tratamos de ocultar los hechos, pensamos en formas de tomar venganza, y en cómo ganar la pelea o la batalla. Jeremías no hizo eso. Más bien, se habló verdad a sí mismo, la verdad de Dios. Y la verdad que Jeremías trajo a su mente, le trajo esperanza: «Esto traigo a mi corazón, por esto tengo esperanza» (v. 21).

La esperanza que había desaparecido, ha regresado. Pero ha vuelto como fruto de recordar las verdades reveladas por Dios. Eso mismo tenemos que hacer tú y yo. ¿Qué es lo que Jeremías trajo a su mente? «Que las misericordias del Señor jamás terminan, pues nunca fallan Sus bondades; Son nuevas cada mañana; ¡Grande es Tu fidelidad!»

(vv. 22-23). El pueblo podría estar en cautiverio, bajo juicio y en total destrucción, pero Jeremías se repite: *Las misericordias de Dios jamás terminan, pues nunca fallan Sus bondades. ¡Grande es Tu fidelidad!* Jeremías reconoce que la fidelidad de Dios es mucho mayor que la pecaminosidad del pueblo. Y luego afirma algo aún más importante. La razón por la que la fidelidad de Dios es grande, y Sus misericordias y bondades nunca fallan, es porque fluyen de Su propio ser, de Su esencia y de Su carácter benevolente. Dios renueva Sus misericordias todas las mañanas. Eso es importante porque si la misericordia divina fuera abundante hoy, pero no estuviera presente mañana, estaríamos en grandes problemas. Pero Jeremías recuerda que las misericordias de Dios se renuevan cada mañana, como también Su pueblo peca lamentablemente cada mañana, de modo que Sus bondades nunca fallan.

## Espera en el Dios fiel

Jeremías reconoce la fidelidad de Dios, y afirma que Él es bueno. Pero no solo cree en Su fidelidad, sino que descansando en ella, sabe esperar en Dios (vv. 24-25). Esta es una gran lección que no debemos olvidar, de modo que corramos con paciencia la carrera que tenemos por delante hasta entrar en la gloria. Permíteme compartir contigo cinco aplicaciones para nuestra vida hoy.

*(1) Si en verdad iniciaste la carrera de la fe, Dios ha prometido que te llevará hasta el final.* El apóstol Pablo, en su carta a los filipenses, afirmó: «Estoy convencido precisamente de esto: que el que comenzó en ustedes la buena obra, la perfeccionará hasta el día de Cristo Jesús» (Fil. 1:6). Dios salió a buscarte cuando eras Su enemigo. Ahora que eres Su hijo, no te dejará perder. Si Dios tiene que mover tierra y mar para garantizar que llegues a Su presencia, Él lo hará. Pablo observa: «Fiel es Aquel que los llama, el cual también lo hará» (1 Ts. 5:24). Aún los ángeles de Dios están al servicio de nuestra salvación (He. 1:14).

*(2) En esta carrera de la fe encontrarás innumerables obstáculos y tentaciones, suficientes para hacerte caer y perder el camino.* Aún así, Pablo nos recuerda: «Fiel es Dios, que no permitirá que ustedes sean tentados más allá de lo que pueden soportar, sino que con la tentación proveerá también la vía de escape, a fin de que puedan resistirla» (1 Co. 10:13). Dios calcula el poder de la tentación y la fortaleza de tu resistencia para poder determinar lo que permitirá que llegue a ti. Si llega la tentación, ten por seguro que Dios determinó que podías soportarla. Si no es así, no es porque Dios es infiel a Su promesa, sino porque tú has sido infiel a Su llamado.

*(3) La carrera de la fe se corre en medio de una guerra espiritual de naturaleza cósmica, capaz de destruirnos en el camino a la gloria.* Por eso, Pablo nos recuerda que «el Señor es fiel y Él los fortalecerá a ustedes y los protegerá del maligno» (2 Ts. 3:3). Nosotros tenemos una función en esta batalla espiritual, pero nunca podemos olvidar que la batalla es del Señor, y la manera de vestirnos para la batalla es llamada «la armadura de Dios» (Ef. 6:10-20). El Señor ha provisto lo que necesitamos para pelear la buena batalla hasta conquistar la victoria en Su nombre, en Su poder y para Su gloria.

*(4) En la carrera de la fe tendremos que lidiar con nuestro pecado.* Por muy bien equipados que estemos, habrá ocasiones cuando terminaremos pecando. Pero el apóstol Juan nos recuerda que «si confesamos nuestros pecados, Él es fiel y justo para perdonarnos los pecados y para limpiarnos de toda maldad» (1 Jn. 1:9).

*(5) Finalmente, debemos ser conscientes de que en la carrera de la fe habrá momentos cuando correremos solos.* Muchos de los atletas que nos acompañan en la carrera serán engañados y preferirán las mentiras de la Serpiente en vez de la verdad de Dios; aceptarán las ofertas del mundo en vez del compromiso con Dios. Pero a pesar del abandono de otros discípulos, debes recordar que Dios nos prometió Su compañía permanente cuando les aseguró a Sus discípulos: «Yo

estoy con ustedes todos los días, hasta el fin del mundo» (Mt. 28:20) y «Nunca te dejaré ni te desampararé» (He. 13:5). Nunca lo olvides: si Dios está contigo, no importa quién no esté junto a ti. Pero si Dios no está contigo tampoco importa quién esté contigo. Si eres Su hijo, Él siempre estará a tu lado.

# CAPÍTULO 14

# EL DIOS CELOSO DE SU PUEBLO

En este capítulo hablaremos sobre un atributo de Dios del cual se habla poco desde los púlpitos y sobre el cual no nos gusta pensar mucho. Con frecuencia, los predicadores de nuestros días no quieren exponer todo lo que Dios ha revelado de Sí mismo, y la audiencia tampoco quiere escucharlo. Algunos predicadores acostumbran revelar ciertas verdades que están en la Biblia, pero a expensas de ocultar otras. Eso no es predicar todo el consejo de Dios.

Dios reveló desde el comienzo que es un Dios celoso de Su gloria, y de manera muy particular, celoso de Su pueblo porque él ha querido revelar Su gloria a través de la historia redentora de los Suyos. Esto quizás resulte contrario para muchos, porque no acostumbramos ver los celos como un atributo bueno o positivo. Más bien, estamos muy familiarizados con el celo humano, el cual es usualmente pecaminoso. Digo usualmente, porque creo que entenderíamos que un esposo o esposa se sienta celoso si alguien trata de coquetear con su cónyuge. En ese caso, lo único que esa persona estaría haciendo es proteger lo que es suyo. Lo mismo podríamos decir de un padre cristiano que se siente celoso si ve que una de sus hijas está siendo pretendida por un hombre que carece de carácter moral confiable, o conocido por su promiscuidad o irresponsabilidad, y que no está en los caminos del Señor. Cuando eso ocurre se produce cierta indignación en el corazón de los padres, porque es posible que un extraño, que no califica según los estándares bíblicos, pudiera terminar casándose con su hija.

En vista de lo anterior, no nos gusta pensar en Dios como alguien celoso porque la única idea que tenemos de esa cualidad es el celo humano, que frecuentemente es enfermizo y que hemos visto en tantas personas, e incluso en nosotros mismos. La persona celosa usualmente es insegura y su inseguridad la lleva a ser posesiva y demandante. Pero Dios nunca se ha sentido inseguro ni tampoco es posesivo a la manera nuestra, porque no tiene competencia. El celo de Dios por Su gloria y por lo Suyo es tan digno de ser alabado como Su amor, Su gracia, Su misericordia, Su fidelidad o cualquiera de sus atributos. Todos los atributos de Dios son igualmente dignos de ser alabados y glorificados. Pero como personas pecadoras que somos, preferimos hablar de aquellos atributos que nos favorecen cuando, en realidad, todos los atributos de Dios terminan bendiciendo a Sus hijos.

Cuando Dios sacó a Su pueblo de Egipto para llevarlo al desierto, lo reunió al pie del monte Sinaí al final del primer año, y allí le entregó los Diez Mandamientos, las ordenanzas que reflejan Su carácter moral (Ex. 20). El primer mandamiento se puede resumir en una frase: «No tendrás otros dioses delante de Mí». En el original, el significado es: «No tendrás otros dioses delante de mi rostro». Es como si Dios les hubiese dicho: *No voy a tolerar que pongas delante de Mí un ídolo muerto y que nunca ha existido, como si ese ídolo estuviera a la altura del Dios vivo.* El segundo mandamiento es un poco más extenso que el primero:

> No te harás ningún ídolo, ni semejanza alguna de lo que está arriba en el cielo, ni abajo en la tierra, ni en las aguas debajo de la tierra. No los adorarás ni los servirás. Porque Yo, el Señor tu Dios, soy Dios celoso, que castigo la iniquidad de los padres sobre los hijos hasta la tercera y cuarta generación

de los que me aborrecen, y muestro misericordia a millares, a los que me aman y guardan Mis mandamientos. (Ex. 20:4-6)

Estas palabras nos enseñan de manera clara y directa que Dios es celoso. Pero, ¿qué es el celo de Dios? ¿Cómo se provoca? ¿Cómo se manifiesta? ¿De qué manera me bendice el celo de Dios? Esto es lo que buscaremos responder en este capítulo.

## Qué es el celo de Dios

Cuídate de no hacer pacto con los habitantes de la tierra adonde vas, no sea que esto se convierta en tropezadero en medio de ti. Ustedes derribarán sus altares, quebrarán sus pilares sagrados y cortarán sus Aseras. No adorarás a ningún otro dios, ya que **el Señor, cuyo nombre es Celoso, es Dios celoso**. No hagas pacto con los habitantes de aquella tierra, no sea que cuando ellos se prostituyan con sus dioses y les ofrezcan sacrificios, alguien te invite y comas de su sacrificio; y tomes de sus hijas para tus hijos, y ellas se prostituyan con sus dioses, y hagan que también tus hijos se prostituyan con los dioses de ellas. (Dt. 34:12-16, énfasis añadido)

¿Por qué Dios entregó una prohibición tan contundente al pueblo de Israel? La respuesta está en el mismo texto: «El Señor, cuyo nombre es Celoso, es Dios celoso» (v. 14). Dios enfatiza que es celoso en Su esencia misma. Su nombre es Celoso, y su nombre revela quién es Él, Su propia naturaleza. En este pasaje, la palabra «Celoso» está siendo usada como un sustantivo. Pero luego, Dios vuelve a enfatizar este atributo, y ahora lo usa como adjetivo: «Es Dios celoso». Dios hace este doble énfasis porque su celo es provocado cuando Sus hijos abrazan a un ídolo que termina desplazándolo a Él del primer lugar de sus vidas. En la antigüedad, los ídolos eran dioses de madera y de bronce. Pero en el presente, los ídolos están en nuestros corazones.

Nosotros tenemos dificultad para entender el celo de Dios hasta que comenzamos a pensar con mayor detenimiento en el celo humano. Considera por un momento esto: nosotros somos capaces de sentir celo porque el Creador nos dio Su imagen, una cualidad similar, excepto que el celo de Dios es perfectamente santo, no provocado por inseguridades como el nuestro. Mira un ejemplo de lo que Dios afirma sobre el celo humano, y luego piensa en lo que Él puede sentir, pero aumentado hasta el infinito. «Porque los celos enfurecen al hombre, y no perdonará en el día de la venganza. No aceptará ningún rescate, ni se dará por satisfecho aunque le des muchos presentes» (Pr. 6:34-35). Este hombre al que hace alusión el proverbio se siente así porque entiende que su honor ha sido violado: pues algo que es suyo como regalo de Dios, fue dado a otro y él ha sido desplazado del centro de ese corazón. Lo mismo ocurre con Dios, en grado superlativo y de forma pura, cuando lo desplazamos del primer lugar de nuestros corazones. Él nos compró a precio de sangre y, por lo tanto, no nos pertenecemos a nosotros mismos (1 Co. 6:19).

Cuando Dios nos rescató, en nuestro corazón creció un primer amor por Él, el cual lo sentó en el trono de nuestro corazón. Pero cuando aparecieron los ídolos, nuestros afectos empezaron a ser seducidos, haciéndonos sentir y pensar diferente sobre Dios. De repente, comenzamos a amar más al ídolo que a Él, hasta desplazarlo del primer lugar de nuestra vida. Lo mismo ocurre en las relaciones humanas. Pablo sintió celos por la iglesia de Corinto, pues allí se cometían pecados de celos, envidia, división e inmoralidad sexual. Escucha las palabras que les escribió: «Pues los celo, con el celo de Dios mismo. Los prometí como una novia pura a su único esposo: Cristo. Pero temo que, de alguna manera, su pura y completa devoción a Cristo se corrompa, tal como Eva fue engañada por la astucia de la serpiente» (2 Co. 11:2-3, NTV). Eva fue seducida por la serpiente para comer de un fruto. Pero nosotros somos seducidos por Satanás para comer diferentes frutos que conducen al mismo pecado: desplazar a Dios. Pablo amaba a los corintios de una manera tan profunda que el desprecio y rechazo de ellos hacia Dios, abandonando su primer amor, le dolió hasta el alma. Cuanto más amas a Dios, más amarás a Su pueblo, y más te dolerá el pecado de los hijos de Dios. El salmista expresó lo mismo con estas palabras: «Ríos de lágrimas vierten mis ojos, porque ellos no guardan Tu ley» (Sal. 119:136). Dios es celoso, y esta verdad hace que nosotros, Sus hijos, también seamos celosos al cuidar de sus ovejas.

## Cómo se provoca el celo de Dios

El celo de Dios se provoca de manera similar, pero no igual, al celo humano. El amante que seduce nuestros afectos y desplaza a Dios del primer lugar de nuestro corazón se llama *ídolo*. Cuando estos aparecen, Él reacciona con celo porque los ídolos nos impiden honrar a Dios como el Creador que nos trajo a este mundo; nos impiden honrarlo como Redentor de nuestras vidas, y como la persona que nos sacó del camino de la condenación. Al no honrarlo ni como Creador ni como Redentor, terminamos dando la gloria a otro. No le agradecemos por todo lo provisto antes y después de nuestra conversión y, en especial, por la sangre derramada por Cristo en la cruz para el perdón de nuestros pecados.

El celo de Dios es provocado porque el ídolo que has entronizado en tu corazón, desplazándolo a Él del primer lugar, es el mismo ídolo que terminará destruyendo tu vida. Y si te destruye, estará acabando con la vida de alguien a quien Dios ama tanto, que estuvo dispuesto a entregar a Su único Hijo para Su salvación. Sin embargo, aun conociendo el gran amor de Dios, muchas veces nosotros terminamos despreciándolo para complacer al ídolo que hemos dejado sentarse en el trono de nuestra vida. Es como si le comunicáramos a Dios que la sangre de Su Hijo no es tan valiosa como para abandonar a nuestro ídolo, y preferimos seguir en desobediencia.

## Cómo se manifiesta el celo de Dios

Aunque puede resultar confuso a primera vista, debemos entender que el *celo de Dios* y la *ira de Dios* son dos cosas diferentes. La ira de Dios está relacionada con lo que Dios siente y cómo reacciona frente a todo pecado. Pero el celo de Dios tiene que ver directamente con el pecado de la idolatría. El teólogo A. W. Pink afirmó «que la ira de Dios es Su odio eterno hacia toda injusticia. Es el disgusto y la indignación de la equidad divina contra el mal. Es la santidad divina impulsada a entrar en acción contra el pecado». A la luz de esta afirmación, podemos decir que el celo de Dios es Su santidad provocada a entrar en acción en contra de los dioses falsos o ídolos que el ser humano crea en su mente y corazón. El celo de Dios es una reacción emocional, pero no un emocionalismo por parte de Dios, que adquiere carácter de ira cuando lo desplazamos del primer lugar por otro amante o ídolo que nos lleva a desobedecerle.

La razón por la que uso la palabra «amante» para referirme a los ídolos es porque en el Antiguo Testamento Dios acusó a Israel de adulterio cuando fue en pos de dioses ajenos, hasta el punto de comunicarle que le daría una carta de divorcio a causa de su adulterio (Jer. 3:8). En hebreo, la palabra «celoso» es *canná*, que significa pasión o fervor, y solo se aplica a Dios. Por esta razón, Wayne Grudem define el celo de Dios como la reacción natural de Su persona que busca siempre defender Su propio honor.[52] Cuando Dios hace esto, no lo hace por razones de inseguridad o por temor a perder lo que es Suyo. Lo cierto es que los ídolos no hacen que Dios se sienta rechazado como ocurre con los celos humanos cuando alguien muestra preferencia por a otra persona. Dios está completo en Sí mismo. Pero experimenta celo divino, en primer lugar, porque solo Él es digno de recibir todo el honor y la gloria. En segundo lugar, si no aprendemos a honrar a Dios debidamente, no sabremos cómo

---

52. Wayne Grudem, *Systematic Theology*, Edición Kindle, pág 244 de 1586.

honrar ni respetar nada más en toda la creación, lo cual traería destrucción sobre nosotros. Dios protege todo lo Suyo y eso nos incluye a nosotros. Su celo nos protege y nos preserva para Él.

En otras palabras, Dios defiende Su honor con pasión porque solo Él es digno de toda la gloria y, por tanto, no puede tolerar que nada ni nadie le robe la gloria que solo Él merece. Tal como lo afirmó en boca del profeta Isaías: «Mi gloria a otro no daré» (Is. 42:8).

En cierta medida, aseveramos que los hijos son «la gloria» de sus padres y, por eso, sus progenitores no toleran cuando alguien indigno quiere llevarse a uno de ellos en matrimonio. En el Nuevo Testamento, la palabra griega traducida en algunas versiones como «celoso», se deriva de la palabra *zélos*, que significa «lo suficientemente caliente como para hervir o ponerse rojo». Cuando los discípulos vieron al Señor volcando las mesas de vendedores y cambistas del templo, «se acordaron de que estaba escrito: "El celo por Tu casa me consumirá"» (Jn. 2:17). En Jesús, el celo de Dios se manifestó como una reacción de Su ira santa en contra de los ídolos que contaminaban Su casa de oración. Aquellos hombres estaban pisoteando el honor del Señor y menospreciando Su nombre. Ni el templo ni los sacrificios ni el Lugar Santísimo significaban nada para ellos. Todo se había reducido a prácticas superficiales de una fe inexistente, a rituales de idolatría. Pero hoy, tú eres el templo de Dios, y cuando lo profanas, Dios reacciona de manera celosa y hasta violenta porque defiende lo Suyo.

La idolatría es el pecado más frecuente contra el que tendremos que luchar y, a su vez, yo he sugerido que la idolatría es el pecado más antiguo de la humanidad. Recuerda que Pablo le dijo a los Romanos que el hombre cambió la verdad de Dios por la mentira, y adoraron a la criatura en vez de al creador (Ro. 1:25). Ese cambio de la verdad por la mentira comenzó en el Jardín del Edén. Todo empezó con una mentira y, desde entonces, detrás de cada mentira hay un ídolo que nos seduce para satisfacerlo a costa del rechazo y del menosprecio hacia el Dios verdadero. Aunque el enemigo nos tienta y la carne nos seduce, debemos reconocer también que los ídolos no salen a buscarnos, porque por definición están muertos. Más bien somos nosotros quienes salimos a buscarlos para satisfacer una necesidad, aunque sea legítima, pero de forma ilegítima, desafiando la autoridad de Dios. Tristemente, aunque sabemos esto, aun así preferimos satisfacer al ídolo del «yo» antes que a Él.

## Cómo me bendice el celo de Dios

El celo de Dios es primero por Su gloria, por Su honor, por Su nombre, pero también, por Su pueblo.

El teólogo Wayne Grudem, en su libro *Teología Sistemática,* afirma que el celo de Dios implica «que Dios siempre procurará proteger Su propio honor».[53] En cuanto a Su pueblo, Dios ha establecido una relación exclusiva de fidelidad, hasta el punto de entregar a Su único Hijo. Escucha cómo expresa Dios Su amor a Su pueblo, a través del profeta:

Porque Yo soy el SEÑOR tu Dios,
El Santo de Israel, tu Salvador;
He dado a Egipto por tu rescate,
A Cus y a Seba en lugar tuyo.
Ya que eres precioso a Mis ojos,
Digno de honra, y Yo te amo,
Entregaré a otros hombres en lugar tuyo,
Y a otros pueblos por tu vida.
No temas, porque Yo estoy contigo... (Is. 43:3-5)

¿Puedes percibir la medida de Su compromiso? He dado a Egipto, a Cus y a Seba en lugar tuyo. Entregaré a otros hombres en tu lugar. «Yo te amo», le dice Dios a Su pueblo. ¡Qué palabras tan especiales! Quizás Cus y Seba no te suenen tan familiares, pero eran pueblos

---

53. Wayne Grudem, *Systematic Theology, second edition* (Grand Rapids: Zondervan, 2020), pág. 245 de 1586.

ubicados al sur de Egipto. Lo que sin duda sí recuerdas es cómo Dios abrió el mar Rojo para que Su pueblo pasara al otro lado mientras huían de Egipto, ahogando al ejército egipcio cuando cerró el mar sobre ellos. Ciertamente, Dios ha dado a otros hombres en rescate por Su pueblo. Así de exclusiva es la relación que Él ha establecido con Su pueblo, y así de fiel ha sido a través de los años. De la misma manera, Dios espera que nosotros consideremos nuestra relación con Él como algo exclusivo, especial y fiel.

El celo de Dios me bendice porque Él protege todo lo Suyo. En otras palabras, sin el celo divino todos nosotros pereceríamos por culpa de nuestros ídolos. Cuando Dios ve que estoy entregando mi corazón a dioses ajenos, Su celo se enciende para rescatarnos de nuestra infidelidad, como Oseas salió a rescatar a Gomer, su esposa adúltera, y la compró cuando sus amantes pasados ya no la querían. Por eso, cuando el creyente pretende servir a Dios y al mundo, Él rechaza esa relación compartida porque Él es un Dios celoso, exclusivo y fiel en Sus relaciones. El celo de Dios por los Suyos implica la existencia de un rival en tu corazón o en el mío. Un rival que compite con Él mismo. No creo que nos convenga tener al rival de Dios en nuestras vidas. Si no lo rechazamos, Él acabará disciplinándonos hasta destruir a nuestros ídolos, y no saldremos ilesos de esa batalla entre Dios y estos.

Dios desea destruir mis ídolos, antes de que mis ídolos me destruyan a mí. Dios moverá cielo y tierra hasta que ese rival sea arrasado. Si eso requiere enviarme al exilio como hizo con Israel, lo hará por amor a Sí mismo. La única razón por la que Dios preservó un remanente de la nación de Israel fue por el celo por los Suyos, no porque ellos lo merecieran. Escucha cómo lo expresó Dios a través del profeta Joel: «Entonces el Señor se llenará de celo por Su tierra, y tendrá piedad de Su pueblo» (Jl. 2:18). ¿Lo ves? ¡El celo de Dios por Su pueblo es lo que lo mueve a tener piedad de Su pueblo! En el siguiente versículo, agrega: «El Señor responderá a Su pueblo: "Yo les enviaré grano, vino nuevo y aceite, y se saciarán de ello, y nunca

más los entregaré al oprobio entre las naciones"» (v. 19). El celo de
Dios me protege de mi autodestrucción. Dios te ama tanto que Su
celo por ti no dejará que seas destruido por tu ídolo.

Un ídolo es «cualquier cosa o persona que comienza a capturar la
atención de nuestra mente, de nuestro corazón y de nuestras emociones más que Dios mismo».[54] La clave para entender el celo divino en
contra de nuestros ídolos es la palabra *devoción*. Cuando tu devoción
a Dios es dada a otra cosa o persona, Él no sufre cambios porque es
inmutable, pero tú y yo sufrimos grandes consecuencias. Mira cómo
expresó Elías su celo porque la gente de su tiempo abandonó a Dios
como su primer amor:

> Allí [Elías] entró en una cueva y pasó en ella la noche; y
> vino a él la palabra del SEÑOR, y Él le dijo: «¿Qué haces aquí,
> Elías?». Y él respondió: «He tenido mucho celo por el SEÑOR,
> Dios de los ejércitos; porque los israelitas han abandonado
> Tu pacto, han derribado Tus altares y han matado a espada
> a Tus profetas. He quedado yo solo y buscan mi vida para
> quitármela. (1 R. 19:9-10)

Elías sentía dolor porque el pueblo había abandonado el pacto que
Dios había hecho con ellos, violando Su ley y, por tanto, violando
Su honor. Dios le había advertido al pueblo de las implicaciones de
violar Su pacto, cuando les avisó: «Porque el SEÑOR tu Dios es fuego
consumidor, un Dios celoso» (Dt. 4:24). En toda la Biblia aparecen
ocho referencias a Él como *fuego consumidor*. ¿A qué se refiere esta
expresión? Permíteme señalar dos aspectos. Primero, se refiere a las
consecuencias que Dios impone sobre aquellos que, conociendo Su
ley, la desobedecen. Y segundo, en el contexto en el que nos estamos moviendo, es una figura metafórica que nos deja ver que Dios

---

54. Brad Bigney, *Gospel Treason* (New Jersey: P&R Publishing Company, 2012),
149.

consumirá, destruirá o hará desaparecer todo aquello que compita con Sus afectos. Eso puede traducirse como tus relaciones, tu dinero, tu posición, tu ministerio o cualquier otra cosa. Lo paradójico es que todos estos ídolos muertos tienen el poder de destruirnos.

De la misma manera que Dios ordenó al pueblo hebreo que destruyera a sus ídolos, también nos ordena a nosotros hoy deshacernos de aquellos que albergamos en el corazón. Si nos rehusamos a hacerlo, Dios lo hará por nosotros. Mira cómo lo explicó Jesús: «Nadie puede servir a dos señores; porque o aborrecerá a uno y amará al otro, o apreciará a uno y despreciará al otro. Ustedes no pueden servir a Dios y a las riquezas» (Mt. 6:24). Jesús explicó que el dinero puede convertirse en «señor», una manera de personificar este ídolo y ayudarnos a entender la manera en que opera. También usó dos formas verbales importantes: «amarás» y «aborrecerás», con el fin de enseñarnos que no tener a Dios en el primer lugar es, en esencia, aborrecerlo. Por eso, Dios prefiere entrar en guerra con tu ídolo, antes de que él te destruya a ti.

## El Dios celoso demanda exclusividad

En su libro *Dioses falsos*, el pastor Tim Keller explicaba que después de que empezase la crisis económica mundial, a mediados de 2008, se produjo una trágica serie de suicidios de personas que anteriormente habían sido adineradas y tenían amplios contactos. El director financiero de Freddie Mac, la Federal Home Loan Mortgage Corporation, se ahorcó en su sótano. El director general de Sheldon Good, una compañía de subastas inmobiliarias de Estados Unidos, se pegó un tiro en la cabeza sentado tras el volante de su Jaguar rojo. Un director financiero francés, que había invertido el capital de muchas familias reales europeas y otras familias destacadas, y que había perdido 1400 millones de dólares del dinero de sus clientes por el fraude de Bernard Madoff Ponzi, se cortó las venas y falleció en su despacho de Madison Avenue. Un alto ejecutivo danés, que trabajaba para el banco HSBC, se ahorcó en el ropero de su suite en un hotel de la ciudad de Knightsbridge, Londres, en una suite que costaba 500 libras esterlinas por noche. Cuando un directivo de Bear Stearns se enteró de que no lo iban a contratar en J. P. Morgan Chase, que había absorbido a su compañía en bancarrota, tomó una sobredosis de drogas y saltó del piso 29 del edificio donde estaba su despacho.[55] Todas estas personas entraron en desesperación porque el dinero y el buen nombre eran el eje sobre el cual giraba toda su vida. Al perder el eje, sus vidas ya no tenían un fundamento sobre el cual girar.

Dios demandó exclusividad tanto en el Antiguo como en el Nuevo Testamento. Mira cómo explicó Cristo esta exclusividad: «El que ama al padre o a la madre más que a Mí, no es digno de Mí; y el que ama al hijo o a la hija más que a Mí, no es digno de Mí» (Mt. 10:37). Dios ni siquiera acepta la rivalidad de mi madre, de mi padre, de mis hijos ni de aquellas cosas preciadas para nosotros. Si tu relación con ellos hace que te alejes mucho o poco de Dios, tu relación es pecaminosa y se ha convertido en un ídolo que compite con tu afecto hacia Él. Hoy es un día de definición en tu vida. Necesitas decidir a quién le vas a dar tu devoción exclusiva. Destruye tus ídolos o Dios lo hará por ti, porque Él no te entregará a un amante habiéndote comprado con la sangre de Su propio Hijo. Dios te va a reclamar, aun si eso requiere enviarte a Babilonia para traerte de regreso, pero libre de idolatría.

---

55. Timothy Keller, *Counterfeit Gods* (Nueva York: Penguin Group, 2009), IX-X.

# CAPÍTULO 15

# EL DIOS JUSTO Y DE
# IRA SANTA

En este capítulo exploraremos uno de los atributos del carácter de Dios que yo considero más rechazado por creyentes y no creyentes: la justicia y la ira de Dios. En los incrédulos, este atributo tiende a producir cierta molestia hacia Dios y hacia aquellos que enseñan sobre Él. En los creyentes, este atributo tiende a despertar cierto sentido de rechazo y vergüenza, hasta el punto de que algunos tratan de excusar la ira divina. En términos generales, prefieren no hablar de la justicia y de la ira de Dios porque no saben cómo explicarla a la luz de la Biblia.

Cuando consideramos todos los atributos de Dios podemos concluir que el más mencionado entre creyentes e incrédulos es el amor de Dios. Este se recuerda con facilidad, pero no es igualmente correspondido. El atributo del que más se abusa es la gracia de Dios. Sin embargo, no debemos olvidar que aquellos que abusan de la gracia, tarde o temprano despertarán Su ira. El atributo más malinterpretado es Su misericordia. Ciertamente Él es misericordioso, pero la misericordia no es un derecho, como muchos piensan. Más bien es algo inmerecido que Dios exhibe como parte de Su carácter, y con el cual nadie debería contar porque Él no se lo debe a ninguna persona. Podemos y debemos pedir misericordia para que Dios, según Su bondad y Su soberanía, decida cuándo aplicarla o retenerla. Cualquiera que sea la percepción de creyentes o incrédulos, es importante señalar que cada atributo divino es igualmente santo, equitativamente justo y digno del mismo grado de honor y exaltación.

Es paradójico que la sociedad se queje sin cesar de los jueces terrenales y de las injusticias al juzgar a los malhechores. Pero la justicia de Dios tiende a irritar por igual a la sociedad. En una ocasión, alguien respondió a una de mis publicaciones en redes sociales: «Ese Dios suyo siempre está airado». La razón por la que nos molestamos cuando los jueces de este mundo no hacen justicia, es porque nosotros fuimos hechos a imagen y semejanza de Dios y, por consiguiente, tenemos un sentido de justicia en nuestro interior. Pero debido a la caída, ese sentido de justicia está ahora muy lejano de la justicia de Dios.

La santidad de Dios garantiza que Él sea perfectamente justo, y por eso podemos estar seguros que nadie ha recibido una disciplina o un castigo injusto de Su parte, por muy severo que sea. La santidad divina hace que Él reaccione contra el pecado después de «agotar» Su paciencia. Más bien, nosotros con frecuencia recibimos una disciplina o castigo inferior a lo que en realidad merecemos. No debemos olvidar que la sentencia del Juez Justo por el pecado en el Jardín del Edén era la muerte (Gn. 2:17). Sin embargo, Dios ha sido lento para la ira y abundante en misericordia para con nosotros.

Dios es justo porque tiene un discernimiento perfecto de lo bueno y lo malo. Por tanto, Él está inclinado —pero no obligado— a recompensar las buenas acciones de los hombres y castigar el pecado de aquellos que han infringido Su ley. La obediencia es recompensada por la misma razón que la desobediencia es castigada: porque Dios es justo. Como expresó el rey David: «Eres justo cuando hablas, y sin reproche cuando juzgas» (Sal. 51:4). La justicia divina es la plomada que juzga lo torcido, y esa justicia lo impulsa a enderezarlo. Fue el amor y la justicia de Dios los que llevaron a Cristo a la cruz para enderezar el camino torcido de la humanidad. El amor lo movió a dar Su vida por personas que el Padre había elegido de antemano. Pero

Su justicia no estaba dispuesta a perdonar, a menos que el precio del pecado fuera pagado. Fue el precio que Cristo pagó con Su sangre.

## Definiendo la justicia de Dios

La justicia de Dios es el discernimiento perfecto entre lo bueno y lo malo, para rectificar lo torcido que le deshonra, destruye a Su creación y distorsiona Su diseño. Veamos juntos una de las conversaciones entre Dios y Abraham donde vemos expresada Su justicia.

Y el SEÑOR dijo [a Abraham]: El clamor de Sodoma y Gomorra ciertamente es grande, y su pecado es sumamente grave. Descenderé ahora y veré si han hecho en todo conforme a su clamor, el cual ha llegado hasta mí; y si no, lo sabré. Y se apartaron de allí los hombres y fueron hacia Sodoma, mientras Abraham estaba todavía de pie delante del SEÑOR. Y Abraham se acercó, y dijo: ¿En verdad destruirás al justo junto con el impío? Tal vez haya cincuenta justos dentro de la ciudad; ¿en verdad la destruirás y no perdonarás el lugar por amor a los cincuenta justos que hay en ella? Lejos de ti hacer tal cosa: matar al justo con el impío, de modo que el justo y el impío sean tratados de la misma manera. ¡Lejos de ti! El Juez de toda la tierra, ¿no hará justicia? Entonces el SEÑOR dijo: Si hallo en Sodoma cincuenta justos dentro de la ciudad, perdonaré a todo el lugar por consideración a ellos. Y Abraham respondió, y dijo: He aquí, ahora me he atrevido a hablar al Señor, yo que soy polvo y ceniza. Tal vez falten cinco para los cincuenta justos, ¿destruirás por los cinco a toda la ciudad? Y Él respondió: No la destruiré si hallo allí cuarenta y cinco. Abraham le habló de nuevo, y dijo: Tal vez se hallen allí cuarenta. Y Él respondió: No lo haré, por consideración a los cuarenta. Entonces Abraham dijo: No se enoje ahora el Señor, y hablaré; tal vez se hallen allí treinta. Y Él respondió: No lo

haré si hallo allí treinta. Y Abraham dijo: He aquí, ahora me
he atrevido a hablar al Señor; tal vez se hallen allí veinte. Y
Él respondió: No la destruiré por consideración a los veinte.
Entonces dijo Abraham: No se enoje ahora el Señor, y hablaré
solo esta vez; tal vez se hallen allí diez. Y Él respondió: No
la destruiré por consideración a los diez. Y el Señor se fue
tan pronto como acabó de hablar con Abraham; y Abraham
volvió a su lugar. (Gn 18:20-33, LBLA)

Dios había visitado a Abraham junto con dos seres angelicales
para hablar de lo que Él pensaba hacer con las ciudades de Sodoma
y Gomorra. Abraham estaba sentado a la puerta de su casa, cuando
estos hombres aparecieron. Al reconocer la dignidad de los visitantes,
Abraham dio instrucciones a su esposa de preparar algo de comer
para recibir a estos visitantes especiales. El texto no nos da detalles
de todo lo que hablaron, y por eso nos limitaremos a exponer lo
narrado.

## El pecado del hombre y la justicia de Dios

En primer lugar, observamos la gravedad del pecado de Sodoma y
Gomorra (vv. 20-21). El clamor de estas dos ciudades había llegado
hasta Dios, una verdad recurrente en la Biblia que nos enseña que el
cielo se entera del pecado de los hombres, y tarde o temprano Dios
reaccionará aplicando Su justicia contra el pecado, como leemos en
el relato bíblico. Cuando Caín mató a Abel, Dios sentenció: «La voz
de la sangre de tu hermano clama a Mí desde la tierra» (Gn. 4:10). Y
entonces, juzgó a Caín. Cuando el pueblo hebreo sufrió en manos de
un Faraón que no conocía a Dios, el relato indica que «los israelitas
gemían a causa de la servidumbre, y clamaron. Su clamor subió a
Dios, a causa de su servidumbre» (Ex. 2:23). Y entonces, Dios juzgó
a la nación de Egipto trayendo diez plagas sobre sus habitantes. Estos

ejemplos, y muchos más en las Escrituras, nos recuerdan que Dios juzga el pecado de los hombres de manera justa, apropiada y correcta.

Ninguna persona desea vivir bajo el gobierno de alguien indiferente a las transgresiones de los hombres. Dios es el Rey perfecto porque «no ignora el pecado de los hombres y no es indiferente al clamor de los oprimidos».[56] El pecado de los hombres produce un ruido en los cielos que mueve a Dios a rectificar lo mal hecho. El pecado de Sodoma y Gomorra era grande y sumamente grave. Tanto es así, que cuando dos de los ángeles fueron a rescatar a Lot de Sodoma, todos los hombres de la ciudad, desde el mayor hasta el menor, fueron hasta la casa de Lot a exigirle que los sacara para mantener relaciones con ellos (Gn. 19:1-11). En Sodoma y Gomorra no había sentido de vergüenza ni culpa, ni pudor. No había valor por la dignidad humana ni el dominio propio. No había en sus corazones distinción alguna entre lo sagrado y lo profano (Gn. 13:13).

Abraham, sabiendo que su sobrino vivía en Sodoma, se sintió contrariado ante el anuncio del castigo justo que Dios enviaría sobre aquellas dos ciudades. Así que decidió interceder por sus habitantes. La conversación de Abraham inició con una pregunta que parece simple, pero contiene implicaciones profundas y peligrosas: «¿En verdad destruirás al justo junto con el impío?» (v. 23). Con este cuestionamiento, Abraham estaba poniendo en duda el carácter de Dios. Pero aún así prosiguió: «Lejos de ti hacer tal cosa: matar al justo con el impío, de modo que el justo y el impío sean tratados de la misma manera. ¡Lejos de ti! El Juez de toda la tierra, ¿no hará justicia?» (v. 25). La muerte del justo con el impío como pago igualitario por el pecado solo ha ocurrido una sola vez, cuando el hijo de Dios fue a la cruz y tomó nuestro lugar, pagando así el precio por nuestros pecados. La única vez que el justo y el impío fueron tratados de la misma manera, fue en el Calvario. Pero en ese caso, fue justo que ocurriera

---

56. James Montgomery Boice, Genesis, Vol. 2, *A New Beginning* (Grand Rapids: Baker Book House), 613-14.

así porque Cristo se había ofrecido voluntariamente para cargar con nuestros pecados y, por tanto, se convirtió en nuestro sustituto. Como afirmó el apóstol Pablo: «Al que no conoció pecado, lo hizo pecado por nosotros, para que fuéramos hechos justicia de Dios en Él» (2 Co. 5:21). El problema de Abraham es el mismo que tenemos nosotros hoy: no conocemos quién es Dios y tampoco conocemos quiénes somos nosotros. Es así como encontramos a un pecador, Abraham, aconsejando a Dios cómo debe obrar Su justicia: «¡Lejos de ti! El Juez de toda la tierra, ¿no hará justicia?». Le faltó poco para decir: *¡Arrepiéntete Dios, que el reino de Abraham está cerca!*

Cuando decimos que Dios es justo estamos afirmando que sus juicios son equitativos, imparciales y que Él retribuye a cada uno conforme a lo que merece en esta vida o en la venidera. La Biblia afirma que un día todos compareceremos ante el tribunal del Juez Justo «para que cada uno sea recompensado por sus hechos estando en el cuerpo, de acuerdo con lo que hizo, sea bueno o sea malo» (2 Co. 5:10). Dios no juzga a nadie en base a emociones, como tampoco pasa por alto las injusticias de los hombres; esto enseñó Pablo a los Colosenses: «Porque el que procede con injusticia sufrirá las consecuencias del mal que ha cometido, y eso, sin acepción de personas» (Col. 3:25). Abraham sabía que Dios juzgaría a Sodoma y Gomorra por su maldad. Así que comenzó a negociar con Él: «Tal vez haya cincuenta justos dentro de la ciudad; ¿en verdad la destruirás y no perdonarás el lugar por amor a los cincuenta justos que hay en ella? (v. 24). Y el Señor en Su misericordia, le responde: «Si hallo en Sodoma cincuenta justos dentro de la ciudad, perdonaré a todo el lugar por consideración a ellos» (v. 26). Pero eso no le bastó a Abraham, sino que continuó la negociación. ¿Y si solo son 45? ¿Y si solo son 40? ¿Y si solo son 20? ¿Y si solo son 10? Y en cada una de esas ocasiones, Dios respondió: Si hallo 40 o 20 o 10, perdonaré a toda la ciudad por consideración a ellos. Con esto, Dios estaba poniendo de manifiesto que la razón por la que estaba dispuesto a destruir a ambas ciudades era porque no había un solo hombre justo entre sus habitantes. Esta lamentable situación trae a nuestra memoria una noticia extraordinaria: *por el sacrificio de un solo hombre justo, muchos fueron redimidos*. Millones de personas han sido salvadas por el sacrificio de un solo hombre, cuyo nombre es Jesús. Al lidiar con el hombre, Dios aplica Su bondad y Su misericordia, y cuando el hombre no responde en arrepentimiento, aplica Su justicia (Sal. 116:5).

## Definiendo la ira de Dios

La ira de Dios es la reacción santa en contra del pecado por parte de un Dios justo, que nos ha dado una ley sabia que las personas han violado en múltiples ocasiones, han ignorado Su revelación y han hecho caso omiso a Sus numerosas advertencias. En el relato de la destrucción de Sodoma y Gomorra leemos que Dios hizo llover fuego y azufre sobre aquellas ciudades, después de salvar a Lot y a sus dos hijas. Lamentablemente, su esposa desobedeció las instrucciones de no mirar hacia atrás, y como consecuencia se convirtió en una columna de sal.

La lluvia de fuego y azufre fueron la expresión de la ira de Dios después de un largo tiempo de espera. El pecado de Sodoma y Gomorra es descrito por Dios como grande y grave en gran manera (Gn. 18:20). El profeta Ezequiel describió a estas ciudades como arrogantes, ociosas, insensibles hacia el pobre y abominables delante de Dios. En el Antiguo Testamento, esta última expresión está asociada a múltiples pecados que Él odia, incluida la idolatría y las aberraciones sexuales que también formaban parte del historial de maldad de aquellas poblaciones.

En su libro *Knowing God* (El conocimiento de Dios), el teólogo J. I. Packer, hablando de la ira de Dios, explica que:

El furor es una antigua palabra inglesa, definida en mi diccionario como «ira e indignación intensa y profunda». La ira se explica como «provocación repentina de un disgusto

resentido y de un antagonismo fuerte, causado por una
herida o insulto»; la palabra indignación es definida como
la «ira justa provocada por la injusticia y la depravación».[57]

Con esta definición de ira o furor, Packer nos ayuda a entender
que la ira divina es una indignación intensa y profunda, un disgusto
resentido, un antagonismo fuerte y una ira provocada por la injusticia
y la depravación.

## Una expresión de la naturaleza de Dios, y de la nuestra

Piensa por un momento qué sentimiento experimentarías si te ente-
ras que han abusado de tu hija de 12 años. Sin duda te sentirías
indignado y tu ira se expresaría como una furia intensa y profunda
en respuesta a la injusticia cometida en contra de tu hija. Incluso es
posible que llegues a desear la muerte del abusador. Si tú y yo podemos experimentar todo esto, siendo personas pecadoras, imagínate lo
que experimenta un Dios infinitamente santo y justo cuando observa
cada día las atrocidades y las abominaciones del pecado del mundo.
Como la voz de la sangre de Abel clamó a Dios desde la tierra, así
también hasta los cielos las voces por el dolor físico y emocional de
cada abuso, la sangre derramada en cada homicidio, las vidas sacri-
ficadas en cada aborto, las distorsiones de Su creación, los gritos
por el maltrato y las lágrimas del abandono. Toda la tierra clama a
Dios, y ten por seguro que el juicio vendrá en el momento preciso.
La misericordia de Dios no es indiferente al dolor humano. Su justicia no ignora las injusticias de los hombres. Y la ira de Dios no es
indiferente a las acciones pecaminosas que Él detesta.

Si nosotros tuviéramos la santidad de Dios, odiaríamos muchas
de las cosas que hacemos y las juzgaríamos de la misma manera

---

57. J. I. Packer, *Knowing God* (Downers Grove: InterVarsity Press), 148.

como Dios lo hace. Eso fue lo que expresó el profeta Jeremías cuando escribió: «Pero estoy lleno del furor del Señor, estoy cansado de retenerlo» (Jer. 6:11). Cuando caminamos con Dios, en pos de la santidad, experimentaremos Su ira hacia el pecado de los hombres, y hasta nosotros mismos la expresaremos. Ezequiel también llegó a experimentar el celo del Señor a causa de la infidelidad del pueblo, y el apóstol Pablo lo experimentó por los Corintios. Eso sucede cuando el siervo de Dios se identifica profundamente con Su causa. El Señor no solo nos llama a amar lo que Él ama, sino también a rechazar lo que Él rechaza.

La santidad y la justicia de Dios lo impulsan a obrar justamente y a rechazar profundamente el pecado. La justicia divina es la que hace que se rectifique lo torcido y que el impío pague por su pecado. El salmista afirmó que «Dios es juez justo, y un Dios que se indigna cada día contra el impío» (Sal. 7:11). De la misma manera, Pablo afirmó que «la ira de Dios se revela desde el cielo contra toda impiedad e injusticia de los hombres, que con injusticia restringen la verdad» (Ro. 1:18). En griego, la palabra «ira» es *orgé*, que significa inflamarse y que en el original transmite la idea, «no de un impulso repentino, sino más bien un sentido o disposición fijo, controlado y apasionado de parte de Dios contra el pecado».[58] Otra de las fuentes consultadas declara que esta palabra se aplica a los gobernantes que deben vengar la injusticia.[59] Esto nos demuestra la intensidad de la ira de Dios y Su compromiso de aplicar Su justicia a aquellos que suprimen la verdad. Toda verdad, en cualquier campo del vivir y del quehacer humano, proviene de Dios. Y Él odia cuando se suprime.

La ira de Dios no es más que la aplicación de Su justicia, después de haber esperado pacientemente el arrepentimiento del pecador. Su

---

58. *Strong's Concordance* # 3709: https://biblehub.com/greek/3709.htm.

59. Gerhard Kittel, Gerhard Friedrich y Geoffrey W. Bromiley, Compendio del diccionario teológico del Nuevo Testamento (Grand Rapids, MI: Libros Desafío, 2002), 698.

ira nunca es emocional, sino judicial. Es abundante en misericordia y tarda en llegar, pero por la perfección de Su justicia, la ira divina llega tarde o temprano. En los tiempos de Noé, se inundó todo el planeta, dejando únicamente a ocho personas con vida. En los días de Abraham, su ira destruyó por completo las ciudades de Sodoma y Gomorra. En los días del Éxodo, su ira contra los israelitas les impidió entrar en el reposo de Dios (Sal. 95:10-11).

Dios considera Su ira y Su santidad como parte de Sus perfecciones o atributos.[60] Es por eso que en la Biblia encontramos que Él jura en Su ira (Sal. 95:11), pero también jura por Su santidad (Sal. 89:35). En Su ira, Dios le ordenó a Josué que conquistara Jericó y no dejara a nadie con vida, desde el mayor hasta el menor. En su ira, Dios envío a Su propio pueblo al exilio. En su ira, Dios vendrá otra vez para juzgar al mundo, según lo revelado en el libro de Apocalipsis. De hecho, allí se habla de hombres impíos que nunca se arrepintieron, y en medio del juicio pedían que las piedras cayeran sobre ellos con tal de escapar de la ira de Dios (Ap. 6:16-17). Jesucristo, que en Su primer advenimiento se presentó como un Cordero, vendrá por segunda vez como un León, y derramará su ira sobre aquellos que no lo recibieron.

## Una invitación a escapar de la ira de Dios

Ciertamente, Dios es paciente y misericordioso. Lento para la ira y grande en amor. Pero también es cierto y pertinente el llamado de Pablo a los Romanos, cuando les pregunta: «¿O tienes en poco las riquezas de Su bondad y tolerancia y paciencia, ignorando que la bondad de Dios te guía al arrepentimiento?» (Ro. 2:4). Esa misma paciencia, esa bondad, ese amor y esa misericordia son los que hoy nos llaman al arrepentimiento. Dios retiene Su ira por amor a Sí mismo, como escribió el profeta: «Por amor a Mi nombre contengo Mi ira, y

---

60. A. W. Pink, *The Attributes of God* (Olahauski Books, 2015), 124-25.

para Mi alabanza la reprimo contra ti a fin de no destruirte» (Is. 48:9). Isaías entendía que la nación de Israel merecía ser destruida, pero Dios se había construido la reputación de extender favor hacia los Suyos. Si Dios destruía a Israel, las demás naciones pensarían que Él había fallado. Mientras que preservar a Israel pondría de manifiesto Su bondad y mantendría Su reputación de que ciertamente Él es un Dios lento para la ira y abundante en misericordia.

Pero la falta de arrepentimiento por parte de personas y ciudades, como Sodoma y Gomorra, solo agrava su condición para el día del juicio. Escucha cómo sigue escribiendo Pablo a la iglesia en Roma: «Pero por causa de tu terquedad y de tu corazón no arrepentido, estás acumulando ira para ti en el día de la ira y de la revelación del justo juicio de Dios. Él pagará a cada uno conforme a sus obras» (Ro. 2:5-6). El hecho de que Dios le pague a cada uno conforme a Sus obras nos dice que Él es un Dios justo. Pero nuestro Dios también es infinito en santidad y en poder, y cuando Su ira llega, es como un fuego consumidor (Ro. 11:22). Si miramos la crueldad con la que Cristo fue tratado en Su crucifixión, podemos tener una mejor idea de la severidad de la ira (Is. 53). Nada mejor que la cruz y la condenación eterna de los no arrepentidos para reflejar la severidad de Su justicia. Cristo pagó lo que a ti y a mi nos tocaba pagar por nuestros pecados.

Los que sufren la ira de Dios es porque han decidido seguir su propio camino, independientemente de las consecuencias. En otras palabras, el hombre es quien elige experimentar la ira de Dios. En la palabra de Dios, Su ira se expresa en dos planos. En el primero, la ira de Dios *es futura*. Es decir, se aplica sobre quienes permanecen sin arrepentimiento. En el segundo, la ira de Dios *es presente*. Es decir, que ya está siendo aplicada sobre aquellos que no han recibido a Cristo como Señor y Salvador. Escucha cómo lo explica el apóstol Juan: «El que cree en el Hijo tiene vida eterna; pero el que no obedece al Hijo no verá la vida, sino que la ira de Dios permanece sobre él» (Jn. 3:36). El hombre nace condenado bajo la ira de Dios, y la única forma de salir de allí es creer en Su Hijo. No es que la ira de Dios viene sobre el hombre, sino que la ira de Dios permanece sobre él. Esto nos recuerda que la ira de Dios no es una reacción emocional, sino más bien una disposición de parte de Él para condenar al hombre por su pecado. Si el hombre desea salir de la condenación, requiere la vida, muerte y resurrección de Cristo (1 Ts. 1:10).

Hoy es el día de arrepentimiento. Es el día en el que Dios te llama para entregar tu vida a Cristo y salir de debajo de Su ira. Y si tú ya eres un hijo de Dios, pero hasta ahora has estado viviendo apartado de Él, en medio del pecado, escucha Su voz y no endurezcas tu corazón. Regresa a los brazos de tu Salvador.

# CAPÍTULO 16

# EL DIOS VERDADERO ES EL DIOS DE LA VERDAD

*Toda verdad es la verdad de Dios.* Esta frase se le atribuye a Agustín de Hipona, el mejor teólogo de los primeros mil años de la iglesia y, para algunos, el mejor teólogo de todos los tiempos. Las implicaciones de aquella expresión son masivas, y cuando es bien entendida y aplicada tiene el poder de transformar nuestra vida. En este capítulo abordaremos el tema desde dos ángulos. En el primero buscaremos ampliar y entender que *Dios es verdad.* Y en el segundo, nuestra intención será profundizar en la expresión: *Dios es el Dios de la verdad.* Aunque son frases que suenan iguales, no significan lo mismo, y veremos por qué.

## Dios es verdad

Cuando decimos que Dios es verdad, la frase nos parece poco comprensible; sin embargo, hay otras frases similares que hemos usado con frecuencia y no nos parecen tan extrañas. Permíteme ilustrar lo que acabo de afirmar respecto a otros atributos de Dios. Cuando decimos que Él es vida, entendemos que es la fuente de vida y que todo ser viviente deriva de Él y es sostenido por Él. Cuando decimos que Dios es sabio, entendemos que toda sabiduría proviene de Él, pues Él es la fuente de toda sabiduría. Cuando aseveramos que Dios es amor, entendemos que nuestra capacidad de amar proviene de Él, porque Él es amor. De la misma manera, cuando afirmamos que Él es verdad, estamos confirmando también que Él es la fuente de toda verdad y que de Él derivan todas las demás verdades. Vale la pena resaltar que cuando Jesús se definió a Sí mismo como «la verdad», no dijo «las verdades». En términos teológicos, esto significa que la verdad es una sola, y es Dios.

Al final de la revelación divina, de manera específica en el capítulo 19, Juan, como autor pone gran énfasis en la persona de Dios y en Su relación con la verdad: «Vi el cielo abierto, y apareció un caballo blanco. El que lo montaba se llama Fiel y Verdadero. Con justicia juzga y hace la guerra» (Ap. 19:11). Juan nos indica primero que «sus juicios son verdaderos y justos» (v. 2). Luego, afirma que todo lo que han oído «son palabras verdaderas de Dios» (v. 9). Y, finalmente, como ya vimos, llama a Cristo «Fiel y Verdadero» (v. 11). Es fiel porque cumplió con todo lo anunciado a Su pueblo. De hecho, podemos atestiguar que Su fidelidad es aún más digna de ser resaltada porque a lo largo del proceso de redención, Dios permaneció fiel a pesar de la infidelidad del pueblo. Pero también es verdadero porque siempre fue veraz respecto a Sí mismo y a Su obra. Su verdad enseñada es la que constituye la vara de medir para enjuiciar a las naciones.

En su libro *The Excellencies of God* (Las Excelencias de Dios), el pastor Terry L. Johnson declara que Dios «es la verdad principal, la verdad final, la verdad inicial, la verdad concluyente, la única y absoluta verdad».[61] Con justa razón, el apóstol Juan denominó a Jesús «Verdadero», expresión que viene del griego *aledsés*, que significa literalmente «verdad».[62] De modo que el texto de Apocalipsis podría leerse de forma literal como: «Dios es Fiel y verdadero». Ciertamente, Dios es verdadero. Pero también es verdad. Por tanto, cuando la Biblia confirma que Él es verdadero, debemos entender

61. Terry L. Johnson, *The Excellencies of God* (Grand Rapids: Reformation Heritage Books, 2022), 61.
62. *Strong's Concordance*, #228: Verdadero; y #227: Verdad.

que también es verdad en Sí mismo. Por esa razón, Jesús aseveró: «Yo soy el camino, la verdad y la vida» (Jn. 14:6). No proclamó: «Yo soy verdadero, real o genuino». Más bien, afirmó «Yo soy la verdad», refiriéndose a Su esencia.

El muy conocido predicador norteamericano Steve Lawson, escribió lo siguiente sobre la verdad:

> Francis Schaeffer señala que «el cristianismo no es una serie de verdades, en plural, sino que la verdad se escribe con 'V' mayúscula». En otras palabras, la verdad presenta una visión singular del mundo. Expone un origen para el universo, un problema de la raza humana, un camino de salvación, una senda de santidad, un estándar para la familia, un plan para la historia humana, una consumación del siglo. James Montgomery Boice asegura: «La verdad se mantiene unida. No hay fase de la verdad que no está relacionada con cualquier otra fase de la verdad. Todas las cosas que son verdad son parte de la verdad y se mantienen en relación correcta con Dios, que es la verdad. La verdad es coherente consigo misma».[63]

De la misma manera que Dios es el único eterno e inmutable, también lo es Su verdad. Por eso expresó el salmista: «Tu palabra, SEÑOR, es eterna y está firme en los cielos» (Sal. 119:89, NVI). En hebreo, la palabra «verdad» se puede traducir también «firme». Cristo vino a establecer un fundamento estable de verdad para un mundo moralmente desviado, para que no termináramos destruyéndonos a nosotros mismos. Ese fue el propósito de Su venida a la tierra, según le señaló Jesús a Pilato: «Para esto Yo he nacido y para esto he venido al mundo, para dar testimonio de la verdad. Todo el que es de la verdad escucha

---

63. https://evangelio.blog/2011/06/22/qu-es-la-verdad/. Consultada el 26 de mayo, 2023.

Mi voz» (Jn. 18:37). Quizás pudiéramos decirlo de esta otra manera: en la verdad (Cristo) está la vida y en la mentira (Satanás) está la destrucción. Bien escribió Juan en Su Evangelio: «El ladrón no viene sino para hurtar y matar y **destruir**; yo he venido para que tengan **vida**, y para que la tengan en abundancia» (10:10, RVR1960, énfasis añadido).

Jesús es la verdad, no una corriente filosófica del momento. En términos de Su esencia, Cristo se definió a Sí mismo como la verdad. En términos de Su misión, Cristo se encarnó para dar testimonio de la verdad. Y en términos del juicio final, afirmó que todo el que es de la verdad escucharía su voz. Si Jesús es la verdad, todo lo relacionado con Él es verdad. Al Espíritu Santo se le llama «el Espíritu de verdad» (Jn. 14:17; 15:26; 16:13). Su Palabra es verdad (Sal. 119:160). Sus juicios son verdaderos (Sal. 19:9; Ap. 16:7; 19:2). Y Sus promesas son verdaderas (2 Co. 1:20). Muchas cosas pueden contener verdad, pero solo una puede ser la verdad, y no es una cosa, sino una persona: Jesús.

Si Dios es verdad en Sí mismo, cada vez que piensa, piensa verdad. Cada vez que Dios diseña algo, diseña verdad porque Él obra de acuerdo con lo que piensa. Cada vez que Dios juzga, Su juicio es veraz. Cada vez que Dios interpreta algo, Su interpretación es verdad. Por esa razón, los teólogos han afirmado durante décadas que «*toda verdad es verdad de Dios*».

El gran teólogo reformado del siglo XIX, Herman Bavinck, dijo:

> Él [Jesús] es el fundamento de la verdad... el ideal y arquetipo de toda verdad, de todo ser ético, de todas las reglas y leyes, a la luz de las cuales la naturaleza y la manifestación de todas las cosas deben ser juzgadas y sobre las cuales deben ser modeladas. Dios es la fuente y el origen del conocimiento de la verdad en todos los ámbitos de la vida; la única luz en la que podemos ver la luz, [Dios es] el sol de todas las criaturas.[64]

---

64. Herman Bavinck, *Reformed Dogmatics, Volume Two: God and Creation*, trad. John Vriend (Grand Rapids, MI: Baker, 2004), 209-210.

Si Dios es verdad en Su misma esencia, podemos concluir que todo aquel que no expresa las cosas como Él las diría, es mentiroso. Aquel que no ve las cosas como Él las ve, está viviendo una mentira. El que no cree lo que Dios cree, cree una mentira. Y quien hace algo, y después lo niega, es un engañador. El apóstol Pablo entendió bien las implicaciones de esto cuando escribió a la iglesia en Roma: «Sea Dios veraz, y todo hombre mentiroso» (Ro. 3:4, RVR1960). El autor de Hebreos expresa la misma idea, pero con otras palabras: «Es imposible que Dios mienta» (He. 6:18). ¿Por qué es imposible para Dios mentir? Porque Él es verdad en todo Su ser. No hay vestigio alguno de mentira en Él. En cambio, de Satanás, Dios reveló que «no hay verdad en él. Cuando habla mentira, habla de su propia naturaleza, porque es mentiroso y el padre de la mentira» (Jn. 8:44). Así como Dios no puede mentir porque no hay mentira en Él, Satanás no puede hablar verdad porque no hay verdad en él.

## El Dios de la Verdad

Porque el que es bendecido en la tierra,
Será bendecido por el Dios de la verdad;
Y el que jura en la tierra,
Jurará por el Dios de la verdad.
Porque han sido olvidadas las angustias primeras,
Y porque están ocultas a Mis ojos.
Por tanto, Yo creo cielos nuevos y una tierra nueva,
Y no serán recordadas las cosas primeras ni vendrán a la memoria. (Is. 65:16-17)

Estas palabras del profeta están en el contexto de los tiempos finales, donde aquel que es bendecido por Dios en la tierra, será bendecido en la vida venidera. En la nueva vida olvidaremos nuestras angustias y sufrimientos pasados, y el mismo Dios que nos bendijo de manera parcial, finalmente derramará Su bendición por completo

sobre toda Su creación. Es interesante observar que Isaías está pro-
fetizando alrededor de 750 años antes del primer advenimiento de
Cristo, y en su profecía lo denomina *el Dios de la verdad*. Aunque
ellos no sabían cuándo sería el fin de la historia redentora, sí estaban
seguros de que todas y cada una de las promesas de Dios se cumpli-
rían, porque Él es «el Dios de la verdad» (v. 16).

¿Qué implicaciones tiene esto? Considera lo siguiente. Lo que es
verdad hoy, lo será mañana y lo será para siempre. Lo que Dios
definió como profano en el siglo I, sigue siéndolo hoy. Las culturas
cambian sus conceptos de moralidad, y por eso hablan de *moralidad
cultural*. Pero esa falsa moralidad se juzga a la luz de la moralidad
divina, que determina lo bueno o lo malo. Esa verdad no cambia
porque forma parte de los atributos de Dios. Si Él es verdad, podemos
afirmar que Él es la plomada que mide la verticalidad de todo cuanto
existe, de todo cuanto se dice y de todo cuanto se hace. Pero también
afirmamos que todo lo que no se alinea con Su plomada es falso, es
mentira y no corresponde a la realidad de los hechos.

Entender estos conceptos es de suma importancia para nuestros
días, porque mucha gente piensa que la verdad es lo que funciona,
lo que conviene y lo práctico. «Verdad es lo que yo siento», afirman algunos, mientras ponen las emociones por encima de la razón.
«Verdad es lo que yo creo», recalcan otros, colocando al individuo
por encima de cualquier otro juicio, incluido el de Dios. «La verdad
es relativa o cultural», subrayan muchos, como si la vida se tratara de
un concurso de popularidad. Lo cierto es que la verdad es absoluta
como la muerte misma. La gente habla del «relativismo de la verdad»
porque no quieren sujetarse a la moralidad divina. Pero nadie habla
de la relatividad de la fuerza de gravedad, sobre todo cuando viaja
en un avión a 30 000 pies de altura. Nadie propone la relatividad de
la muerte, cuando miles de personas están en Unidades de Cuidados
Intensivos de un hospital, luchando por su vida. Nadie habla de la
relatividad de la luz en medio de un apagón de luz. ¿Por qué? Porque

las personas necesitan relativizar la moralidad para justificar sus acciones pecaminosas.

En mayo de 1996, una docena de alpinistas murieron intentando escalar el monte Everest. Ocho de ellos fallecieron el mismo día, mientras que los cuatro restantes fallecieron posteriormente como consecuencia de las heridas sufridas en la escalada. Dos alpinistas japoneses estaban en la ruta de ascenso, y pasaron junto a dos de los escaladores heridos. Aunque los japoneses tenían suficientes provisiones para compartir con ellos, decidieron seguir adelante. Al preguntarles por qué no se detuvieron para ayudar a los alpinistas heridos, esto fue lo que dijo uno de ellos: «Estábamos demasiado cansados para ayudar. Por encima de los 8000 metros no es un lugar donde la gente pueda permitirse la moralidad».[65] No se puede hablar de moralidad sin verdad. No se puede tener una sociedad moral sin la verdad. ¿Quieres ver más pruebas de esto? Lee los periódicos y verás el lamentable estado de nuestra sociedad.

Sin la verdad, el ser humano es una criatura inmoral. Por eso la sociedad de nuestros días celebra la inmoralidad, porque no tiene la verdad como un valor innegociable. La ausencia de Cristo en aquellos alpinistas japoneses es la respuesta al por qué no se detuvieron para ayudar a dos seres humanos moribundos. Pero no los juzgues tan fácilmente, porque todos nosotros hubiéramos reaccionado exactamente igual si nuestras vidas no estuvieran enfocadas en Cristo, ante una prueba de tal magnitud. Como la luz disipa las tinieblas y revela todo lo que hay en una habitación, también la verdad de Cristo disipa el error y revela cómo es el hombre y la realidad que lo rodea.

---

65. Jon Krakauer, *Into Thin Air* (Hermannstal, Alemania: Anchor, 1999), 253.

## El alcance de la verdad de Dios

Dios es verdad en Su esencia, y toda verdad fluye de Él, no importa si es en el ámbito de las matemáticas o de la física. Por tanto, Dios diseñó las fuerzas de la naturaleza; cuando la física descubre dichas leyes, la verdad que descubre corresponde al diseño de Dios, y ese diseño es verdad. Escucha cuál es el alcance y las implicaciones de la verdad:

> Si toda la verdad se basa en última instancia en la persona de Dios, cada pregunta que se hace es una pregunta sobre una persona, y cada respuesta recibida está relacionada con una persona. Cada pregunta sobre la ciencia es una pregunta sobre cómo y por qué Dios ha hecho y sostiene el universo de la manera que Él lo ha hecho. Cada pregunta sobre moralidad es una pregunta sobre el carácter. Cada pregunta sobre política y economía es una pregunta sobre lo que significa ser hecho a la imagen de Dios y tener dominio sobre la tierra. Cada verdad, sin importar la disciplina, dice algo sobre quién es Dios y lo que ha hecho.[66]

Podríamos manifestar que la verdad es el principio derivado de, y usado por Dios para diseñar todo el universo de manera que Su creación pueda reflejarlo a Él de alguna manera, para que todo el universo pueda funcionar armónicamente y de forma que la raza humana pudiera florecer bajo Su señorío. Una vez Adán y Eva abrazaron la mentira, todo se echó a perder y ahora Cristo está en el proceso de redimir todo lo creado a través de la verdad que Él encarnó.

Filosóficamente, la verdad se define como aquello que corresponde a la realidad. Solo Dios ve la realidad como es en realidad. El resto de

---

66. Vince Vitale, *Love the Truth, en Jesus Among Secular Gods* por Ravi Zacharias y Vince Vitale (Nueva York: Faith Words, 2017), 229-30.

nosotros tenemos una interpretación de esto y, por ello el salmista afirma que todo hombre es mentiroso, porque distorsiona la realidad cuando la percibe (Sal. 116:11). Por ejemplo, a un hombre que siente ser mujer, Dios le diría: ¡No lo eres! Porque lo que tú sientes, no corresponde con la realidad de tu código genético ni con la realidad de tus genitales, ni la realidad de tu sistema hormonal, ni con la realidad de tu estructura cerebral. Lo que sientes no está alineado con la plomada de Dios y, por ende, estás viviendo una irrealidad, una fantasía, una mentira.

El mundo percibe la verdad como mentira y la mentira como verdad, hasta que Dios hace un trabajo en nuestro corazón para revertir el engaño. La verdad nos pone del lado de Dios. Pero la mentira nos pone del lado de Satanás. Aun sabiendo esto, muchos prefieren a Satanás de su lado porque les da «buen aspecto». En cambio, el Dios de la verdad nos presenta como somos en realidad, para que un día terminemos siendo como Él es. El autor de Proverbios explica que hay siete cosas que Dios abomina. De esas siete, dos son contrarias a Su verdad: la lengua mentirosa y el testigo falso (Pr. 6:16-19). Esa misma idea se reafirma en otro proverbio: «Los labios mentirosos son abominación a Jehová; Pero los que hacen verdad son su contentamiento» (Pr. 12:22, RVR1960). Dios abomina la mentira, sobre todo en Sus hijos, aquellos que han sido declarados hijos de la Luz. Lamentablemente, algunos cristianos, aun sabiendo la verdad, prefieren aliarse con la mentira. Mentimos para que los hombres nos vean bien, pero ante el Juez Verdadero tenemos muy mal aspecto. Por eso afirma el proverbio que «el testigo falso no quedará sin castigo, y el que cuenta mentiras no escapará» (Pr. 19:5). Mentimos para ocultar nuestro pecado, pero olvidamos que es imposible ocultar el pecado delante del Dios cuyos ojos recorren la tierra día y noche. Mentimos para evitar las consecuencias, pero pasamos por alto que es imposible esconder nuestra maldad ante la mirada de Aquel que impone las consecuencias.

## Tu respuesta a la verdad de Dios

Satanás cambió la verdad de Dios por la mentira cuando habló con Adán y Eva en el Jardín del Edén. Cambió la verdad divina por la mentira, cuando habló con Jesús en el desierto. Y desde entonces ha seguido haciendo lo mismo. Nosotros copiamos sus patrones, pues esta tendencia a mentir está en nuestra naturaleza caída: «Desde la matriz están desviados los impíos; desde su nacimiento se descarrían los que hablan mentiras» (Sal. 58:3). Cuando Cristo nos redimió, dejamos de ser impíos. Pero seguimos luchando contra esa inclinación de la carne. Adán pecó cuando dejó de creer la verdad divina, y la cambió por la mentira de la serpiente. Ese intercambio es el origen de la idolatría que, en otras palabras, es la corrupción de la verdad. Como escribió el apóstol Pablo: «Porque ellos cambiaron la verdad de Dios por la mentira, y adoraron y sirvieron a la criatura en lugar del Creador, quien es bendito por los siglos. Amén» (Ro. 1:25).

Desde su caída, Adán perdió la habilidad de diferenciar entre la verdad y la mentira, y por ello, todos nosotros como descendientes suyos hemos creído tantas mentiras. El mundo ha llegado a tal nivel de engaño, que el profeta se lamentó diciendo: «¡Ay de los que llaman al mal bien y al bien mal, que tienen las tinieblas por luz y la luz por tinieblas, que tienen lo amargo por dulce y lo dulce por amargo!» (Is. 5:20). Creemos las mentiras que nos convienen, pero rechazamos la verdad que nos confronta. Aceptamos las mentiras que nos hunden en el lodo, pero rechazamos la verdad que nos trae libertad y salvación. Esa fue la razón por la que crucificaron la Verdad de Dios y quemaron a muchos de los profetas que proclamaron la verdad.

El Dios de la verdad o la verdad de Dios te guía a tu propósito de vida y te llena de significado. En cambio, el padre de la mentira o la mentira de Satanás te guía a través de la fantasía de tu mente hasta destruirte a ti y a quienes te rodean. El mundo es esclavo de la falsedad, como escribió el pastor Terry L. Johnson:

La falsedad te esclaviza a la fantasía y a lo irreal. Para el hedonista significa una vida gastada, sirviendo los apetitos insaciables y a la lujuria del cuerpo. Para el religioso significa una vida malgastada en ceremonias sin sentido, rituales y disciplinas ascéticas. Para el ambicioso significa una vida gastada en la búsqueda de una gloria falsa y una fama, poder y prestigio mundano. Lo falso esclaviza.[67]

El mismo autor, citando al pastor y teólogo galés, Matthew Henry, escribió que la verdad «nos liberta de prejuicios, errores e ilusiones falsas, liberándonos del dominio de la lujuria y la pasión».[68]

Cristo predicó: «Conocerán la verdad, y la verdad los hará libres» (Jn. 8:32). Nunca olvides Sus palabras: «Yo soy el camino, la verdad y la vida» (Jn. 14:6). A través de esta afirmación, Cristo nos indica de forma implícita que todos los demás caminos son un engaño, porque no acercan al hombre a Dios. Al contrario, lo alejan de Él. Cuando caminas lejos de la verdad puedes llegar a sentirte bien por un tiempo porque la carne ofrece placeres, pero son pasajeros. Al poco tiempo descubrirás que has destruido tu relación con Dios, con los demás y contigo mismo. Te encontrarás vacío y sin propósito.

La verdad es el camino a Dios, como escribió el salmista: «Enséñame, oh Señor, tu camino; andaré en Tu verdad; unifica mi corazón para que tema Tu nombre» (Sal. 86:11). ¿Por qué? Porque Su camino es el camino de la verdad. Cristo vino a proclamar la verdad al mundo. Necesitamos entender esto por dos razones sumamente prácticas. Primero, porque la verdad afecta todo el espectro de la existencia humana. Y segundo, porque tu calidad de vida está íntimamente relacionada con la verdad. Tanto es así que en el Nuevo Testamento encontramos siete advertencias sobre el peligro de dejarnos engañar

---

67. Terry L. Johnson, *The Excellencies of God* (Grand Rapids: Reformation Heritage Books, 2022), 77.

68. Ibid., 77.

(1 Jn. 3:7; 1 Co. 3:18; Gá. 6:7; Ef. 5:6; Col. 2:8; 1 Jn. 1:8; Stg. 1:16). Por esto, Dios nos llama en su Palabra a:

- Amar la verdad (Zac 8:19).
- Buscar la verdad (Jer. 5:1).
- Elegir la verdad (Sal. 119:30).
- Vivir por la verdad (Jn. 3:21).
- Caminar en la verdad (Sal. 26:3).
- Obedecer la verdad (1 P. 1:22).
- Manejar correctamente la verdad (2 Ti. 2:15).
- Hablar la verdad (Sal. 15:1-2).
- Trabajar por la verdad (3 Jn. 8).
- Ser guiado por la verdad (Sal. 43:3).
- Ser fiel a la verdad (3 Jn. 3).
- Adorar en verdad (Jn. 4:23-24).

Lo creas o no, tu vida entera está relacionada con la verdad. Tu respuesta a la verdad de Dios determinará tu destino final a aquel lado de la eternidad. Cristo vino a encarnar la verdad (Jn. 1:14). Por tanto, querido lector, cuando hagas un compromiso con Cristo estás haciendo un compromiso con la verdad, en todas sus formas. Cuando mientes, no estás traicionando una idea ni deshonrando un concepto. Estás traicionando y deshonrando a una persona, cuyo nombre es Jesús, la Verdad. Al mentir, no estás traspasando un simple límite. Estás profanando a una persona. Por la gravedad de esta realidad es que Cristo vino a dar testimonio de la Verdad, para rescatarnos de nuestra perdición. Al venir, no solo dio testimonio de la verdad, sino que también proclamó: «Yo soy el camino, la verdad y la vida» (Jn. 14:6).

CAPÍTULO 17

# EL DIOS DE LA PROVIDENCIA

La providencia de Dios, aunque no es considerada un atributo como tal, sí es una cualidad extraordinaria del Dios Creador, íntimamente relacionada con Su carácter y Su obra. La palabra «providencia» aparece una sola vez en la Biblia en referencia al gobernador Félix, quien *providencialmente* promovió algunas reformas importantes en favor del pueblo judío (Hch. 24:2). Aunque esta palabra no figura en alusión a Dios, sí constituye una doctrina relevante y evidente a lo largo de todas las Escrituras. Lo mismo se ha comentado del término «Trinidad», que tampoco aparece en la Biblia y, sin embargo, la obra de la Trinidad puede verse ampliamente desde el primero hasta el último versículo del texto bíblico.

El pastor John Piper escribió un libro sobre la providencia de Dios, quizás su obra más voluminosa, con 784 páginas, considerada por muchos como su *magnum opus* o su obra maestra. Allí, Piper se mueve a través del tiempo desde antes de la creación hasta la segunda venida de Cristo, y muestra que los hechos de la providencia divina están presentes en todo momento, en toda circunstancia y en cada persona, mientras explica el asombroso poder del Dios autosuficiente. En otras palabras, todo lo que sucede en este mundo está sujeto a Su control soberano, de manera natural o sobrenatural. Su providencia gobierna y domina la naturaleza, a Satanás y a sus demonios; a reyes y naciones; la vida y la muerte; el pecado; las conversiones de los incrédulos; toda la vida cristiana y el cumplimiento final de la Gran Comisión.

## Qué es la providencia de Dios

A lo largo del tiempo se han sugerido diferentes definiciones de la providencia de Dios, pero en general, la mayoría concuerda en lo central de su significado e implicaciones. John MacArthur la presentó como «un término que indica que, sin interferir con los procesos normales de la vida, Dios orquesta todas las contingencias y los pensamientos y las acciones para efectuar exactamente lo que Él quiere, cuando Él quiere, con quien Él quiere, donde Él quiere».[69] Cuando afirmamos que Dios no interfiere con los procesos normales de la vida, quiere decir que Él permite que los eventos del día a día transcurran sin interferencia divina, que el hombre ejerza su voluntad y al mismo tiempo, a través del ejercicio individual de la voluntad humana, Dios lleva a cabo Sus propósitos. Permítame ilustrarlo con texto bíblico. En Jerusalén se reunieron «tanto Herodes como Poncio Pilato, junto con los gentiles y los pueblos de Israel, contra Tu santo Siervo Jesús, a quien Tú ungiste, *para hacer cuanto Tu mano y Tu propósito habían predestinado que sucediera*» (Hch. 4:27-28, cursivas añadidas). Cada uno de los grupos e individuos mencionados en el texto ejercieron su voluntad libremente al pecar contra Dios, pero a pesar del desvío de sus corazones, Él realizó Su propósito en el ejercicio de su voluntad divina.

El Nuevo Diccionario Bíblico define así la providencia de Dios:

> La incesante actividad del Creador, mediante la cual, con gran bondad y misericordia (Sal. 145:9; Mt. 5:45-48), mantiene a sus criaturas en ordenada existencia (Hch. 17:28, Col. 1:17, He. 1:3); guía y dirige todos los acontecimientos,

---

69. John MacArthur, *God, the Savior of Men*, sermón, Junio 27, 1999: https://www.gty.org/library/sermons-library/42-24/God-the-Savior-of-Men

circunstancias y acciones, libres de ángeles y hombres (Sal. 107; Job 1:12; 2:6; Gn. 45:5-8); y encamina todo hacia el fin propuesto, para su propia gloria (Ef. 1:9-12).[70]

Dios está involucrado en todos los eventos de Su creación, sean grandes o pequeños. Ya sea un terremoto o un ciclón, nada escapa de Su conocimiento y control, como tampoco dos pajaritos caen al suelo sin que el Padre lo permita (Mt. 10:29). En la historia de la humanidad no hay accidentes. Aunque sean eventos dolorosos e inexplicables, como la pérdida de los diez hijos de Job en un solo día o la misma cruz de Cristo, es importante recordar que todo ha sido orquestado por Dios con el propósito de desplegar Su gloria y moldear nuestros corazones a Su imagen.

La providencia y la soberanía de Dios no son lo mismo, aunque están íntimamente relacionadas entre sí. La soberanía significa que Dios tiene el derecho y el poder de hacer todo cuanto se ha propuesto. Mientras que la providencia va más allá. Cuando hablamos de esta nos referimos a que Dios sostiene toda Su creación y gobierna todos los eventos de la naturaleza de manera perfecta, con la intención de glorificar Su nombre. Al hacerlo, Su intención es bendecir a aquellos a quienes ama, de manera que a lo largo de la historia ha interactuado con toda la creación para bendecir a Sus elegidos a través de cada uno de Sus atributos, y lo ha hecho de forma continua por medio de los eventos ordinarios de la vida, así como a través y de sus interacciones milagrosas, que siguen siendo igualmente ordinarias para Él, ya que no hay nada difícil para Él.

En resumen, podemos afirmar que Dios sostiene todas las cosas, gobierna todos los eventos, lo dirige todo hacia el fin que Él mismo ha señalado, y todo lo anterior, todo el tiempo y en toda circunstancia, para Su propia gloria.

---

70. *Nuevo Diccionario Bíblico*, Primera edición, Dir., J.D. Douglas y N Hillyer, Ediciones Certeza, 1991, bajo la palabra «providencia».

## La providencia y el pecado

En este texto vemos cómo Dios interactúa con Su naturaleza y con los hombres, al punto de hacer llover pan del cielo de forma milagrosa, con el fin de proveer sustento a un pueblo rebelde:

Partieron de Elim, y toda la congregación de los israelitas llegó al desierto de Sin, que está entre Elim y Sinaí, el día 15 del segundo mes después de su salida de la tierra de Egipto. Y toda la congregación de los israelitas murmuró contra Moisés y contra Aarón en el desierto. Los israelitas les decían: «Ojalá hubiéramos muerto a manos del Señor en la tierra de Egipto cuando nos sentábamos junto a las ollas de carne, cuando comíamos pan hasta saciarnos. Pues nos han traído a este desierto para matar de hambre a toda esta multitud». Entonces el Señor dijo a Moisés: «Yo haré llover pan del cielo para ustedes. El pueblo saldrá y recogerá diariamente la porción de cada día, para ponerlos a prueba si andan o no en Mi ley. Y en el sexto día, cuando preparen lo que traigan, la porción será el doble de lo que recogen diariamente». Entonces Moisés y Aarón dijeron a todos los israelitas: «A la tarde sabrán que el Señor los ha sacado de la tierra de Egipto. Por la mañana verán la gloria del Señor, pues Él ha oído sus murmuraciones contra el Señor. ¿Qué somos nosotros para que ustedes murmuren contra nosotros?». Y Moisés dijo: «Esto sucederá cuando el Señor les dé carne para comer por la tarde, y pan hasta saciarse por la mañana; porque el Señor ha oído sus murmuraciones contra Él. Pues ¿qué somos nosotros? Sus murmuraciones no son contra nosotros, sino contra el Señor». Entonces Moisés dijo a Aarón: «Dile a toda la congregación de los israelitas: "Acérquense a la presencia del Señor, porque Él ha oído sus murmuraciones"». Mientras Aarón hablaba a toda la congregación de los israelitas, miraron hacia el desierto y, vieron que la gloria del SEÑOR se apareció en la nube. Y el SEÑOR habló a Moisés y le dijo: «He oído las murmuraciones de los israelitas. Háblales, y diles: "Al caer la tarde comerán carne, y por la mañana se saciarán de pan. Sabrán que Yo soy el SEÑOR su Dios"». (Ex 16:1-12)

Como cae la lluvia ordinaria ante el cambio de las condiciones atmosféricas, así también permitió que cayera pan del cielo para alimentar a Su pueblo. Dios gobierna Su naturaleza y toda la creación. También proveyó una nube que cubriera al pueblo del sol abrasador, durante cuarenta años, mientras deambulaban por el desierto. Pero no solo eso, sino que también les proveyó fuego en la noche para iluminar el campamento. Las nubes se mueven en el firmamento continuamente, y los fuegos se encienden cuando las condiciones naturales lo permiten o según las leyes de la naturaleza. Pero ninguno de estos elementos ordinarios ocurre fuera del control de Dios.

El pueblo debía trasladarse de un lugar a otro, según la ordenanza de Dios (v. 1). Las condiciones del desierto no eran las mejores, y sin duda no era nada de lo que imaginaron al salir de Egipto. Así que empezaron a quejarse contra Moisés y Aarón: «Ojalá hubiéramos muerto a manos del SEÑOR en la tierra de Egipto cuando nos sentábamos junto a las ollas de carne, cuando comíamos pan hasta saciarnos. Pues nos han traído a este desierto para matar de hambre a toda esta multitud» (v. 3). Aunque su queja fue dirigida a Moisés y Aarón, el Señor escuchó providencialmente su murmuración. Lo que hablamos en la tierra se oye en los cielos. Por eso Jesús advirtió que daremos cuenta de toda palabra ociosa que salga de nuestra boca (Mt. 12:36). La queja fue un mal recurrente en la historia del pueblo durante sus cuarenta años en el desierto. Pero lamentablemente, sigue siendo un mal incurable en el corazón del pueblo de Dios hoy.

Los hijos de Israel se quejaron contra Moisés, antes de salir de Egipto, cuando el Faraón decidió aumentar la demanda en la fabricación de los ladrillos. Protestaron contra Moisés cuando estaban en Baal-Zefón, antes de que Dios abriera el mar Rojo. Reclamaron en las aguas de Mara. Y ahora, estaban quejándose de nuevo contra Moisés y Aarón. En un lapso de treinta días, encontramos tres episodios de protestas. Pero la causa no eran las circunstancias externas, pues no vemos a Moisés quejándose por lo mismo. El desierto solo pone de manifiesto lo que hay en el corazón. La queja es pecaminosa de principio a fin, porque no reconoce la providencia de Dios, quien dispone las cosas como ocurren.

El Señor escuchó la queja airada del pueblo, y les respondió con bondad en aquella ocasión, proveyéndoles pan del cielo (v. 4). El maná caería todos los días, y el pueblo debía recoger la porción diaria suficiente (vv. 4,19). ¡Pero desobedecieron! En su incredulidad, algunos recogieron una porción mayor con el fin de guardarla para el día siguiente, y esta se pudrió (v. 20). La experiencia del maná en el desierto fue diseñada con la intención de mostrar su corazón pecaminoso. Por eso les indicó: «Yo haré llover pan del cielo... para ponerlos a prueba si andan o no en Mi ley» (v. 4).

También les dijo que el día de reposo no caería maná. ¡Y aún así algunos salieron ese día para buscar! (vv. 26-27). Su queja y su desobediencia comenzó a irritar a Dios: «Entonces el Señor dijo a Moisés: "¿Hasta cuándo se negarán ustedes a guardar Mis mandamientos y Mis leyes?"» (v. 28). Debemos tener cuidado con la persistencia de nuestras actitudes y acciones pecaminosas. La paciencia divina es infinita, pero Él no está dispuesto a ejercitarla indefinidamente. El libro de Números habla de las consecuencias del pecado recurrente: «El pueblo comenzó a quejarse en la adversidad a oídos del SEÑOR; y cuando el SEÑOR lo oyó, se encendió Su ira, y el fuego del SEÑOR ardió entre ellos y consumió un extremo del campamento» (Nm. 11:1).

Los eventos de nuestras vidas son ordenados por la providencia de Dios para poner en despliegue Su gloria (el maná); para revelar nuestro corazón pecaminoso (la queja); y para poder eliminar las impurezas que contaminan nuestras vidas (el corazón rebelde). En esta vida no hay eventos fortuitos. Nada funciona al azar y nada sorprende a Dios. La carencia de alimentos fue providencialmente orquestada por Él, y la manera milagrosa como el pan fue provisto también. Así lo explica Dios:

> Y te acordarás de todo el camino por donde el SEÑOR tu Dios te ha traído por el desierto durante estos cuarenta años, para humillarte, probándote, a fin de saber lo que había en tu corazón, si guardarías o no Sus mandamientos. Él te humilló, y te dejó tener hambre, y te alimentó con el maná que tú no conocías, ni tus padres habían conocido, para hacerte entender que el hombre no solo vive de pan, sino que vive de todo lo que procede de la boca del SEÑOR. (Dt. 8:2-3)

Moisés sabía que ellos no estaban en el desierto por voluntad humana ni por error. Él sabía quién los había guiado al desierto: «Entonces Moisés y Aarón dijeron a todos los israelitas: "A la tarde sabrán que el SEÑOR los ha sacado de la tierra de Egipto"» (v. 6). Y también les dijo que a la mañana siguiente verían la gloria de Dios, refiriéndose al maná (v. 7). Este era una expresión del poder de Dios, capaz de hacer lo que Él desea; de la misericordia de Dios, que se conduele de la necesidad humana; del amor de Dios para preservar a Su pueblo; y de la gracia de Dios para proveer todo lo que nosotros no merecemos. La providencia divina resulta de la interacción de todos Sus atributos para Su propia gloria y para nuestra bendición.

## La providencia y la historia

Cada evento de la historia tiene dos lecturas: la terrenal, que revela la naturaleza del hombre; y la celestial, que revela la naturaleza de Dios. El relato del desierto lo ilustra perfectamente: «El SEÑOR ha oído sus murmuraciones contra Él. Pues ¿qué somos nosotros? Sus murmuraciones no son contra nosotros, sino contra el SEÑOR» (v. 8).

Moisés conocía los caminos y la providencia de Dios (Sal. 103:7). Si nosotros vivimos la historia de Dios, para Su gloria, y vivimos esa historia bajo la providencia de Dios, entonces sabremos que las cosas no llegaron por azar, sino porque la sabiduría divina las ordenó pasiva o activamente. Cuando Dios ordena algo para los hombres, el cielo observa. Nota cómo se repite esta frase: «El Señor ha oído» (vv. 7, 8, 9). ¿Qué fue lo que oyó? Sus murmuraciones y sus quejas. El pueblo se quejó contra Moisés y Aarón. Esa fue la lectura terrenal. Pero la celestial fue otra: «Se quejaron contra el Señor» (vv. 7-8). En tres ocasiones se dice que Él oyó sus murmuraciones, pero también enfatiza tres veces que el pueblo se quejó contra el Señor.

A pesar de la infidelidad del pueblo, Dios permaneció fiel: «Mientras Aarón hablaba a toda la congregación de los israelitas, miraron hacia el desierto y, vieron que la gloria del Señor se apareció en la nube» (v. 10). Lo que vieron cubrió la superficie de la tierra, y era conocido como el maná: el pan provisto a través de la providencia de Dios, como la manifestación de Su gloria. No solo les proveyó pan, sino también carne: «Al caer la tarde comerán carne, y por la mañana se saciarán de pan. Sabrán que Yo soy el Señor su Dios» (v. 12). Lamentablemente la abundancia de la provisión del Señor, contrasta con la pobreza espiritual del pueblo en el desierto. Pan en la mañana, y carne en la tarde (v. 13). El Señor usó elementos de la naturaleza para alimentar a Su pueblo en medio del desierto y lo hizo de forma providencial.

En el desierto no hay árboles donde las aves puedan reposar y hacer sus nidos; no hay agua para calmar su sed; y las aves tampoco suelen volar en dirección a las personas. Pero Dios movió a las codornices, sustentadas y guiadas por Él, para alimentar a Su pueblo que deambulaba en el desierto, guiado también por Él. Todos estos eventos no solo nos hablan de la providencia de Dios, sino también de Su corazón y del corazón del hombre: El corazón quejumbroso del hombre y el corazón misericordioso de Dios. El corazón impaciente del hombre y el corazón de Dios, lento para la ira. El corazón olvidadizo del hombre. Y el corazón pedagógico de Dios que continúa pacientemente enseñando a Sus hijos sobre Él.

## La providencia y el señorío de Dios

«Sabrán que Yo soy el SEÑOR su Dios» (v. 12). Este es el problema de la humanidad, y también de los hijos de Dios. El incrédulo no sabe ni quiere reconocerlo como creador, sustentador y juez del cielo y la tierra. El cristiano profesa que Dios es su Señor, pero lo niega con su vida porque no acaba de aceptar que Él es también Señor sobre sus circunstancias. Quizás lo sepas, pero no entiendes las implicaciones de lo que sabes.

La frase: «Sabrán que Yo soy el SEÑOR» aparece de manera repetitiva en el relato del Éxodo (Ex. 6:7; 7:5; 14:4, 18; 16:12), y unas 54 veces más en el libro de Ezequiel. Dios tiene interés en revelarse al hombre como Dios y Señor para que podamos conocerlo. En el texto de Éxodo 16:12, leemos: «Al caer la tarde comerán carne, y por la mañana se saciarán de pan. Sabrán que Yo soy el SEÑOR su Dios». Israel nunca supo lo especial que era, y sigue siendo, conocer al Dios Creador y ser considerado por Él como «Su pueblo».

El profeta Ezequiel anunció múltiples veces que Dios disciplinaría con severidad a Su pueblo porque no había guardado Su ley, y en Su disciplina, los pueblos aledaños sabrían que Él es el Señor. Esta misma frase aparece dos veces más en el libro de Joel, refiriendo a las bendiciones que Dios derramaría sobre Israel en el tiempo futuro, cuando por fin le obedezcan, y cómo impactaría esto a los pueblos aledaños. Los que nos observan sabrán a cabalidad, con todas sus implicaciones, que Dios es Señor —creador, sustentador y gobernador del universo—, cuando Él nos bendice o nos disciplina por nuestra manera de vivir.

El mejor lugar donde vemos desplegada la providencia de Dios es el desierto. Allí demostró que está en control de la naturaleza: puede sacar agua de una roca para dos millones de personas; puede

mover una bandada de codornices en cierta dirección para alimentar a Su pueblo; y puede usar el viento para abrir el mar y libertar
a los judíos. El teólogo reformado Louis Berkhof, expuso: «Dios
gobierna el universo conforme a la naturaleza de las criaturas. En
el universo físico, Él estableció las leyes de la naturaleza».[71] En el
Evangelio de Mateo leemos que Dios «hace salir Su sol sobre malos
y buenos, y llover sobre justos e injustos» (Mt. 5:45). Pero también
puede detener el sol y la luna, como lo hizo para darles la victoria
a los israelitas (Jos. 10:13). Vemos que Dios puede usar la naturaleza, y también obrar en contra de las leyes de la naturaleza. No es
necesario que dé una orden todos los días para que el sol salga por
la mañana y se ponga por la tarde, porque Él obra ordinariamente
a través de las leyes de la naturaleza. Pero esas leyes dependen de
Su poder. Por eso, Jesús afirmó que Dios hace salir *Su* sol sobre
buenos y malos.

Berkhof también asevera que Dios gobierna el mundo animal a
través de sus instintos.[72] La manera como los animales cuidan y se
conducen con sus crías, no se debe a un proceso racional, sino a
instintos que les han sido dados por el Creador. Sin embargo, en
el relato del Éxodo leemos que Dios empujó a las codornices en la
dirección del pueblo de Israel, ya no por instinto, sino por medio
del poder que Él ejerce sobre la naturaleza. Berkhof sigue ampliando
esta idea al añadir que Dios también controla a las criaturas morales, como nosotros, a través de una serie de «circunstancias, motivaciones, instrucción, persuasión y ejemplo».[73] Pero Dios trabaja de
forma personal, por medio de la obra del Espíritu sobre el intelecto,
la voluntad y el corazón de los hombres.[74]

71. Ray Pritchard W., Ver: https://www.preceptaustin.org/the_providence_of_god.
72. Louis Berkhof, *Systematic Theology* (Grand Rapids: W.B.E. Publishing
    Company, 1996), 140, Edición Kindle.
73. Ibid.
74. Ibid.

Dios usa todo lo que está a Su disposición para llevar a cabo Sus propósitos. Ya sea mediante obras milagrosas como hacer llover maná del cielo o abrir el mar Rojo. Pero también a través de cosas comunes o aparentemente insignificantes como las que se describen en el Evangelio de Mateo: «¿No se venden dos pajarillos por una monedita? Y sin embargo, ni uno de ellos caerá a tierra sin permitirlo el Padre. Y hasta los cabellos de la cabeza de ustedes están todos contados» (Mt. 10:29-30). ¿Qué puede ser más trivial que dos pajarillos que se mueren en el campo? Hay algo más trivial que eso: cuántos cabellos me quedan. ¡Y aún de eso, Dios tiene cuidado y control! La belleza de las aves con sus colores asombrosos y la hermosura de las flores y de los árboles del campo obedecen a un diseño de un Dios que no solamente los creó, sino que los sostiene de continuo para desplegar Su gloria y deleitar a Sus criaturas (Mt. 6:27-29).

## La providencia y Cristo

El relato del éxodo nos apunta a una conexión importante entre la experiencia del desierto y la persona de Cristo, que vemos revelada de manera contundente en el Evangelio de Juan:

> Le dijeron entonces: «¿Qué, pues, haces Tú como señal para que veamos y te creamos? ¿Qué obra haces? Nuestros padres comieron el maná en el desierto, como está escrito: "Les dio a comer pan del cielo"». Entonces Jesús les dijo: «En verdad les digo, que no es Moisés el que les ha dado el pan del cielo, sino que es Mi Padre el que les da el verdadero pan del cielo. Porque el pan de Dios es el que baja del cielo, y da vida al mundo. Señor, danos siempre este pan», le dijeron. Jesús les dijo: «Yo soy el pan de la vida; el que viene a Mí no tendrá hambre, y el que cree en Mí nunca tendrá sed». (6:30-35)

En el desierto, Dios no solo proveyó para Su pueblo, sino que en Su providencia usó elementos para sostenerlos que claramente apuntaban a la persona de Cristo. En el pasaje anterior, Jesús enfatiza que el Padre, que proveyó el maná para el pueblo de Israel, ahora proveía el pan de vida en la persona de Jesús. En Él, el hambriento y el sediento son saciados espiritualmente para siempre. El maná solo era una sombra de lo que había de venir; el maná fue el símbolo, pero Cristo fue la realidad. La providencia de Dios se encargó de arreglar toda la simbología del Antiguo Testamento que apuntaba a Cristo para ir revelando Su persona para que cuando el Mesías llegara, ellos pudieran ver hacia atrás y comprobar que, ciertamente, había sido el Dios de Abraham, Isaac y Jacob quien había estado construyendo el camino a seguir hasta llegar a Cristo.

# EL DIOS DE NUESTRA SALVACIÓN

Hemos llegado al final de nuestro recorrido después de haber revisado muchos de los atributos de Dios, explorando las profundidades y los misterios de Su naturaleza revelada. ¡Cuán bienaventurados somos al saber que el gran Yo Soy se ha revelado a nosotros! Mi intención a lo largo de este libro ha sido ayudarte a conocerlo mejor, porque cuanto más nos acercamos a Dios, más seremos transformados a la imagen de Su Hijo.

En este capítulo final quiero invitarte a contemplar la majestuosidad de Aquel que se ha revelado de una manera sobrenatural en nuestra salvación. En su carta a los Efesios, el apóstol Pablo nos presenta verdades insondables y bendiciones espirituales que nos recuerdan que el mismo Dios que nos salva también es el que nos transforma.

Bendito sea el Dios y Padre de nuestro Señor Jesucristo, que nos ha bendecido con toda bendición espiritual en los lugares celestiales en Cristo. Porque Dios nos escogió en Cristo antes de la fundación del mundo, para que fuéramos santos y sin mancha delante de Él. En amor nos predestinó para adopción como hijos para sí mediante Jesucristo, conforme a la buena intención de Su voluntad, para alabanza de la gloria de Su gracia que gratuitamente ha impartido sobre nosotros en el Amado.

En Él tenemos redención mediante Su sangre, el perdón de nuestros pecados según las riquezas de Su gracia que ha hecho abundar para con nosotros. En toda sabiduría y discernimiento nos dio a conocer el misterio de Su voluntad, según la buena intención que se propuso en Cristo, con miras a una buena administración en el cumplimiento de los tiempos, es decir, de reunir todas las cosas en Cristo, tanto las que están en los cielos, como las que están en la tierra.

También en Él hemos obtenido herencia, habiendo sido predestinados según el propósito de Aquel que obra todas las cosas conforme al consejo de Su voluntad, a fin de que nosotros, que fuimos los primeros en esperar en Cristo, seamos para alabanza de Su gloria.

En Él también ustedes, después de escuchar el mensaje de la verdad, el evangelio de su salvación, y habiendo creído, fueron sellados en Él con el Espíritu Santo de la promesa, que nos es dado como garantía de nuestra herencia, con miras a la redención de la posesión adquirida de Dios, para alabanza de Su gloria. (1:3-14)

## Todo comienza con Dios y termina con Dios

Pablo enumera una serie de bendiciones que hemos recibido desde la eternidad pasada y que permanecerán con nosotros por el resto de la eternidad. Aun antes de nacer, Dios ya había prometido bendecirnos en Cristo de forma extraordinaria. Y como aquello que Dios promete, Dios cumple, en el devenir de los tiempos, nosotros hemos ido recibiendo dichas promesas y así será hasta el final. Las implicaciones de esas bendiciones son asombrosas y tienen una profunda relevancia cuando consideras todo lo que Dios revela sobre la salvación que Él nos ha dado. Estas bendiciones solo son posibles por nuestra unión con Cristo, y por eso el apóstol Pablo repite con frecuencia la frase: «en Cristo» a lo largo de sus cartas. Por ejemplo, en Efesios 1:

- «en Cristo» (vv. 3, 4, 9, 10 y 12).
- «en Él» (v. 7, 11 y 13).
- «en el Amado» (v. 6).

Diez veces, en tan solo catorce versículos, Pablo enfatiza que hemos sido bendecidos en Cristo. Este texto, en el original, es una sola oración. Sin puntos ni comas. Es como si Pablo hubiese tomado una respiración profunda y hubiese sostenido hasta terminar de escribir todo el párrafo, y luego hubiese vuelto a respirar. Entender esto nos ayuda a dimensionar no solo la fuerza del texto, sino también las implicaciones de su contenido. Fuimos creados y salvados por Dios y para Su gloria. Por eso decidí culminar esta obra con un pasaje donde vemos los atributos de Dios en acción, garantizando nuestra salvación. Somos el fruto de un plan eternamente concebido en la mente divina hasta verlo materializado en el tiempo. Eso es justamente lo que vemos en Efesios: *todo comienza con Dios y termina con Dios.*

Pablo empieza diciendo: «Bendito sea el Dios y Padre de nuestro Señor Jesucristo» (v. 3). La palabra «bendito» proviene del griego *eloguéo,* de donde también viene la palabra «elogio» en español. Cuando alguien muere, es normal elegir a una persona que haga un elogio o tributo de la persona en su funeral. En otras palabras, esa persona fue escogida para hablar bien del difunto. Esa es la misma palabra que Pablo usa en su carta, traducida «bendito». En su carta, el apóstol habla bien de nuestro Dios y pone de manifiesto cuán incomparable es. No existe nadie como Él en todo el universo, ni tampoco quien se le asemeje. Nuestro Dios no tiene comparación. Eso es justamente lo que Pablo pone de manifiesto aquí: la magnificencia de nuestro Dios.

El salmista afirma que el firmamento proclama la gloria de Dios (Sal. 19). Pero nuestra salvación lo anuncia de mejor manera. El universo pone de manifiesto el poder, la omnisciencia y la sabiduría del Dios creador. Pero nuestra salvación pone de manifiesto los múltiples atributos de Dios Padre, Hijo y Espíritu Santo.

## La obra del Padre en nuestra salvación

Todas las riquezas espirituales que Pablo enumera en este pasaje forman parte de nuestra salvación, y ya son una realidad en el Amado, no solo una posibilidad. Dios Padre «nos ha bendecido con toda bendición espiritual en los lugares celestiales en Cristo» (v. 3). Permíteme señalar varias verdades fundamentales que aprendemos en este texto: Dios es quien nos bendice; nosotros somos los receptores de Su bendición; cada bendición espiritual es para nuestro bien; las bendiciones espirituales se originan en los lugares celestiales; y cada bendición se recibe en Cristo.

Estas bendiciones espirituales incluyen, pero no se limitan a:

- Su gracia salvadora.
- Su paz en medio de las circunstancias difíciles.
- Su voluntad buena, agradable y perfecta.
- Su gozo en la adversidad.
- Su propósito eterno.
- Su llamado irrevocable.
- Su poder ilimitado.
- Su amor incondicional.
- Su Espíritu que mora en nosotros.
- Sus dones que nos capacitan.
- Su sacrificio que nos limpia de pecado.
- Su fortaleza que nos sostiene en la debilidad.
- Su armadura que nos protege.
- Su gloria incomparable.
- Su herencia del reino para nosotros.

Esta lista no es exhaustiva, sino ilustrativa de cuán bendecidos somos. Pero observa que estas bendiciones provienen de los lugares celestiales para disfrutarlas en la tierra, y después por el resto de la eternidad. Pero también necesitamos entender que estas bendiciones están disponibles «en Cristo», es decir, no están a merced de todo el mundo. Por tanto, una vida sin Cristo carece de todas estas bendiciones y, en consecuencia, es una vida sin Su gracia, dirección, propósito, significado, poder, salvación, protección, paz y sin herencia espiritual. El disfrute de estas bendiciones forma parte de la vida que Cristo compró para nosotros, y por ello solo están disponibles en Cristo.

La primera bendición que Pablo menciona es haber sido *escogidos por Dios Padre* (v. 4). Esta elección maravillosa fue efectuada por el Padre en la eternidad pasada, sin nosotros tener los méritos necesarios. Y todas estas riquezas espirituales que heredamos dependen de esta elección, porque sin ella no hay bendición. El hecho de habernos elegido antes del inicio de los tiempos, nos habla de la eternidad de Dios, uno de Sus atributos. Cuando no había nada creado y los tiempos no habían comenzado, Dios pensó en ti y te apartó en Su mente para Sus propósitos eternos. Esta elección es de personas específicas, en Cristo, desde toda la eternidad y con miras a la santidad. Dios nos escogió para ser santos, porque Él es santo. Él nos salvó para ser santos y sin mancha, para poder reflejar Su imagen en la creación (v. 3). Nos escogió para ser santos porque en la corrupción donde estábamos íbamos camino a la destrucción. Nos hizo santos porque Su intención siempre ha sido que pudiéramos reflejar Su imagen. Nos eligió para ser como Él es. Pero lamentablemente, preferimos andar según nuestros propios deseos, según nuestra propia imagen y semejanza, y no a imagen y semejanza de Dios. Queremos ser autónomos e independientes, el mismo pecado que nos llevó a la corrupción, como vemos en Génesis 3.

Sin embargo, lo maravilloso de esta elección del Padre es que a pesar de nuestro pecado, Él nos escogió en Cristo, por amor. Pablo explica que «En amor, [Dios] nos predestinó» (v. 5). Fue el atributo de Su amor incondicional lo que hizo posible que Dios nos apartara, sin que nosotros tuviéramos méritos para ser tratados de forma tan especial, incluso por encima de otros. Este amor incondicional es un amor eterno que fluye desde la eternidad pasada hasta la eternidad futura (Jer. 31:3). Por lo tanto, si estamos unidos a Cristo, nada podrá separarnos de Él (Ro. 8:38-39). Su amor incondicional es probablemente el atributo más enfatizado en la vida cristiana. De hecho, Pablo también oró para que los Efesios fueran «capaces de comprender con todos los santos cuál es la anchura, la longitud, la altura y la profundidad, y de conocer el amor de Cristo que sobrepasa el conocimiento» (Ef. 3:18-19).

La segunda bendición es que no solo fuimos elegidos para ser incluidos en el reino venidero, sino que también *nos hizo parte de la familia de Dios*. Pablo indica que Dios «nos predestinó para adopción como hijos para sí mediante Jesucristo» (v. 5). A veces creo que los cristianos no llegamos a dimensionar cuán especial y extraordinario es que hayamos sido adoptados por Dios como hijos amados. Ciertamente no merecíamos ser Sus hijos, pero hay una realidad todavía mayor: un padre bueno no trata a ninguna otra persona mejor que a Su hijo.

La tercera bendición es que nuestra adopción se hizo «*conforme a la buena intención de Su voluntad*» (v. 5). Esta «buena intención» nos habla de la bondad de Dios, otro de Sus atributos. Él nos bendice porque es bondadoso, y la persona bondadosa también es dadivosa. Pero si la persona dadivosa tiene bendiciones ilimitadas, también lo serán sus dádivas. Tan grande es la dádiva de Dios, que nos dio a Su propio Hijo. Pero no lo hizo simplemente como compañero de camino, sino que nos entregó Su vida para pagar el precio de nuestra condenación y darnos libertad de la esclavitud del pecado. Esto nos habla de la bondad, el amor y la gracia de Dios.

¿Cómo debemos responder ante tal manifestación de Dios? El apóstol Pablo señala que la motivación del Padre al elegirnos fue «*para alabanza de la gloria de Su gracia* que gratuitamente ha impartido sobre nosotros en el Amado» (v. 6, cursivas añadidas). La manifestación gloriosa de los atributos de Dios en nuestra salvación debe llevarnos a la alabanza de la gloria de Su gracia. Eso significa que por el resto de la eternidad, tú y yo somos llamados a reconocer, celebrar y reflejar Su gracia. Esta gracia que hemos recibido ha sido en el Amado, es decir, en Cristo. Fuera de Él no tenemos nada bueno. Veamos ahora cuál ha sido la obra del Hijo a nuestro favor.

## La obra del Hijo en nuestra salvación

Pablo continúa diciendo que: «En Él tenemos redención mediante Su sangre, el perdón de nuestros pecados según las riquezas de Su gracia que ha hecho abundar para con nosotros» (vv. 7-8). Aquí encontramos dos conceptos importantes sobre los cuales necesitamos meditar: «redención» y «las riquezas de Su gracia». Ambos forman parte de nuestras bendiciones espirituales.

La palabra redención conlleva la idea de liberar a alguien de la esclavitud mediante el pago de un precio. Cristo nos redimió cuando pagó el coste del castigo por nuestro pecado con Su sangre, para librarnos de la esclavitud del pecado. El teólogo y comentarista bíblico James Montgomery Boice nos recuerda que en la antigüedad una persona podía llegar a ser esclavo de tres maneras:

1. Tú podías nacer esclavo si eras hijo de esclavos. A estos le llamaremos esclavos por nacimiento.
2. Alguien podía llegar a ser esclavo si su tierra era conquistada por otro, y los conquistadores decidían hacer esclavos a los habitantes conquistados. A estos los llamaremos esclavos por conquista.

3. Y alguien podía llegar a ser esclavo si contraía una deuda y luego no podía pagarla, entonces se constituía en esclavo hasta pagar lo que debía. A estos vamos a llamarlos esclavos por deuda.[75]

Hoy también, explica el Dr. Montgomery, el hombre es esclavo del pecado en cada una de esas tres formas: por nacimiento, por conquista y por deuda. Primero, nosotros somos esclavos del pecado por nacimiento porque nuestros progenitores eran esclavos del pecado. Entonces, al nacer de padres pecaminosos, pasamos a ser esclavos del pecado de manera natural. Pero cuando Cristo nos redimió con Su sangre, perdimos nuestra esclavitud por nacimiento. Segundo, somos esclavos por conquista porque Satanás conquistó este mundo para él temporalmente. Pero en la cruz, Cristo derrotó los poderes de las tinieblas, y cuando le damos la vida a Él perdemos nuestra esclavitud por conquista. Tercero, somos esclavos porque tenemos una deuda de pecado con Dios que no podemos pagar. Pero cuando Cristo murió por nosotros en la cruz, pagó la deuda, y al recibirlo salimos de la esclavitud por deuda. Cristo vino a redimirnos de esas tres formas de esclavitud, para darnos libertad en Él.

Nuestra elección y adopción ocurrieron en la eternidad pasada, en la mente de Dios. Nuestra redención ocurrió en la cruz del Calvario, cuando Cristo murió por el perdón de nuestros pecados. Él nos redimió de la maldición de la ley, «habiéndose hecho maldición por nosotros» (Gá. 3:13). Pero Pablo nos explica también que «En Él tenemos redención mediante Su sangre, el perdón de nuestros pecados según las riquezas de Su gracia» (Ef. 1:7). Cuando Pablo habla de «Su sangre», está hablando de la muerte de Cristo en la cruz. En otras palabras, ¡el perdón de tus pecados le costó la vida a Cristo! La vida eterna que recibiste te fue dada a cambio de la muerte del Dador de vida. Cristo dio Su vida para que tú y yo viviéramos. Ese

75. James Montgomery Boice, *Ephesians, An expositional commentary* (Grand Rapids: Baker Books, 1997), 11.

perdón de pecados nos habla del amor incondicional del Padre, quien dio a Su Hijo unigénito, mostrando un amor extravagante al dar Su vida por ti y por mí. ¿Qué clase de Dios es este? Así lo describió el profeta Miqueas:

> ¿Qué Dios hay como Tú, que perdona la iniquidad
> Y pasa por alto la rebeldía del remanente de Su heredad?
> No persistirá en Su ira para siempre,
> Porque se complace en la misericordia.
> Volverá a compadecerse de nosotros,
> Eliminará nuestras iniquidades.
> Sí, arrojarás a las profundidades del mar
> Todos nuestros pecados. (7:18-19)

El perdón de pecados nos fue otorgado gratuitamente. Pero eso no quiere decir que no tuviera costo alguno. El Hijo de Dios fue humillado hasta lo sumo, pagó con el dolor de ser negado por uno de Sus seguidores más cercanos, el dolor físico de las laceraciones y de los clavos, y el dolor inmenso de ser abandonado por Su Padre hasta clamar: «**Dios Mío, Dios Mío**, ¿por qué me has abandonado?» (Mr. 15:34). Y todo esto es el resultado de las riquezas de Su gracia (v. 7). El apóstol Juan nos dice que en Cristo hemos recibido gracia sobre gracia (1:16), una manera de enseñarnos sobre la abundancia de la gracia de Dios, pues cada cosa que hemos recibido en Él ha sido inmerecida, y aun así la recibimos. Lo increíble de la gracia divina en nuestra salvación es que Dios ha compartido Su gracia con una humanidad que lo ha maldecido, que ha sido rebelde, inmoral y hostil; que lo ha negado, ha sido idólatra y ha pecado contra Él en gran manera. La gracia es un regalo, pero ha sido dada a personas que no merecen ese regalo. En su carta a los Romanos, Pablo describe a aquellos que reciben la gracia de Dios como débiles, impíos, pecadores y enemigos de Dios. Ese contexto hace que la gracia de Dios brille aún más (Ro. 5:6-10). En el griego, la palabra «gracia» es *jăris*. Pero cuando Pablo la usa en el Nuevo Testamento, le da una connotación especial. Para él, «gracia» es algo que Dios confiere voluntaria y soberanamente a personas condenadas por el pecado, que no merecen absolutamente nada y que lo reciben todo en base a los méritos de otro, cuyo nombre es Cristo.

Dios ha desplegado cada uno de Sus atributos en nuestra salvación. Mira la manera como Pablo sigue describiendo estas bendiciones espirituales en Cristo:

> [Dios] nos dio a conocer el misterio de Su voluntad, según la buena intención que se propuso en Cristo, con miras a una buena administración en el cumplimiento de los tiempos, es decir, de reunir todas las cosas en Cristo, tanto las que están en los cielos, como las que están en la tierra. (vv. 9-10)

Cristo llevó a cabo nuestra redención de una forma tan extraordinaria que le plació al Padre reunir todas las cosas en Cristo, poniéndolas bajo Su señorío, para que en el nombre de Jesús se doble toda rodilla y toda lengua confiese que Él es el Señor. Pero en esta obra trinitaria también participa activamente el Espíritu Santo. Veamos cómo obra nuestra salvación.

## La obra del Espíritu en nuestra salvación

> En Él también ustedes, después de escuchar el mensaje de la verdad, el evangelio de su salvación, y habiendo creído, fueron sellados en Él con el Espíritu Santo de la promesa, que nos es dado como garantía de nuestra herencia, con miras a la redención de la posesión adquirida de Dios, para alabanza de Su gloria. (vv. 13-14)

Es extraordinario saber que el regalo de nuestra salvación también trae consigo una herencia en Cristo. ¿Pero cómo sabemos que recibiremos dicha herencia? El Espíritu Santo, que vino a morar en nosotros, es la garantía de que recibiremos lo prometido (Ef. 1:14). Esta herencia descrita por el apóstol Pedro es incorruptible e inmaculada, reservada para nosotros en los cielos (1 P. 1:4-5). El poder de Dios garantiza nuestra herencia en los cielos, y preserva por medio de Su Espíritu a los que vamos a recibirla. Eso habla de Su bondad para con nosotros. De nada serviría recibir la buena noticia de una herencia que no podemos tener, y una salvación que no podemos recibir. Si Dios no garantizara nuestra llegada a los cielos, estaríamos perdidos y la herencia sería solamente una promesa reservada en los cielos. Pero el Espíritu Santo nos sella, y su sello nos impulsa y capacita para perseverar en la carrera hasta que recibamos la promesa.

Pero recuerda que todas estas bendiciones y herencia han sido dadas con un propósito final: para alabanza de la gloria de Su gracia (v. 6), para la alabanza de Su gloria (vv. 12,14). No podemos perder de vista el propósito de Dios. Si entendemos la gloria de Dios, entonces entenderemos de qué manera nuestra salvación refleja Su gloria. La gloria de Dios es la expresión de la hermosura y la perfección de todo Su ser o de todos Sus atributos. Si esto es verdad, y lo es, nuestra salvación pone de manifiesto la hermosura y la perfección de cada uno de los atributos de Dios. En nuestra salvación conoceremos al Dios que se ha revelado, en:

- Su amor que me eligió.
- Su misericordia que me perdonó.
- Su gracia que me hizo coheredero con Cristo.
- Su santidad que me cubrió para entrar en gloria.
- Su poder que me protege de todo mal.
- Su soberanía que permitió que fuera elegido, aunque otros no lo fueran.
- Su sabiduría que concibió un plan que permite que rebeldes lleguen a ser hijos de Dios.

- Su fidelidad que garantiza Sus promesas, aún a pesar de nuestra infidelidad.
- Su paciencia que me soportó hasta que respondí a su llamado.

## Glorificando al Dios de nuestra salvación

Dios nos llamó para ser santos y sin mancha, de manera que en ese estado podamos ser un mejor reflejo de Su imagen y alabar las riquezas de Su gloria. Dios se da a conocer al reflejar Su gloria. Por eso, luego de haber sido bendecidos de una manera extraordinaria, debe ser nuestro privilegio reconocer Su gloria. Pero, ¿cómo podemos glorificar a Dios?

> Glorificas a Dios cuando le das tu vida.
> Glorificas a Dios cuando comienzas a vivir para Él.
> Glorificas a Dios cuando buscas el propósito de tu vida en Él, rehusando vivir tu propósito.
> Glorificas a Dios cuando lo adoras con todo tu corazón, toda tu alma, y con todas tus fuerzas.
> Glorificas a Dios cuando procuras vivir en santidad.
> Glorificas a Dios cuando proclamas Su redención.
> Glorificas a Dios cuando exaltas a Su Hijo por encima de tu vida, trabajo y planes.
> Glorificas a Dios cuando vives por Su Palabra.
> Glorificas a Dios cuando tu vida entera gira en torno a Él.
> Glorificas a Dios cuando tienes comunión con Él.

Dios es digno de recibir toda la gloria, «porque de Él, por Él y para Él son todas las cosas» (Ro. 11:36). Todas nuestras bendiciones en los lugares celestiales nos han sido dadas en Cristo. En Él hemos sido elegidos, predestinados, redimidos, perdonados, propiciados, justificados, santificados y glorificados. La manera como Dios se ha revelado en Su obra redentora es digna de nuestra adoración. Así lo afirmó Juan, cuando escribió:

> Digno eres de tomar el libro y de abrir sus sellos, porque Tú fuiste inmolado, y con Tu sangre compraste para Dios a gente de toda tribu, lengua, pueblo y nación. «El Cordero que fue inmolado es digno de recibir el poder, las riquezas, la sabiduría, la fortaleza, el honor, la gloria y la alabanza. Al que está sentado en el trono, y al Cordero, sea la alabanza, la honra, la gloria y el dominio por los siglos de los siglos.» (Ap. 5:9,12-13)

Que tu salvación resulte en una vida de agradecimiento, alabanza y exaltación de cada uno de los atributos de Dios, para la gloria del Padre quien nos eligió, para alabanza del Hijo quien nos redimió, y para honor del Espíritu Santo quien nos selló hasta recibir la prueba. No fuimos salvados para ser teólogos astutos que conocen mucha teología, pero que no reflejan lo que conocen en sus vidas. ¡No! Fuimos elegidos en la eternidad pasada y después creados para reflejar Su imagen. Tras haber quedado como esclavos del pecado en el jardín del Edén, fuimos comprados por la sangre del Hijo y adoptados como hijos en la familia del Padre Celestial. La única respuesta lógica a este amor infinito y a esta gracia sin medida, es una vida completamente entregada a la causa de Cristo y para la gloria del mismo Cristo. Nosotros existimos por causa del Reino y este existe por causa del Rey. Por esta razón, el apóstol Pablo escribió: «Pues el amor de Cristo nos apremia, habiendo llegado a esta conclusión: que Uno murió por todos, y por consiguiente, todos murieron. Y por todos murió, para que los que viven, **ya no vivan para sí, sino para Aquel que murió y resucitó por ellos**» (2 Co. 5:14-15, énfasis añadido). Las palabras traducidas «nos apremia» (v. 14) aparecen como «nos obliga» en la NVI y como «nos controla» en la NTV. En otras palabras, una vez que el apóstol

Pablo entendió «la anchura, la longitud, la altura y la profundidad» del amor de Cristo (Ef. 3:18-19), él sintió que fue dejado sin más opción que glorificar a Cristo y servir a Su causa. Ese es tu llamado, tu compromiso, tu obligación, tu privilegio y tu bendición. ¡Vive para Él! Él murió por ti.

# BIBLIOGRAFÍA

Alistair Begg, *The Mirror of God's Word*; https://www.truthforlife.org/devotionals/alistair-begg/4/11/2023/.

A. W. Pink, *The Attributes of God in Modern English* (Nashville: Thomas Nelson, 1982), versión Kindle.

A. W. Pink, *The Attributes of God* (Nashville: Thomas Nelson, 1982).

A. W. Pink, *The Attributes of God* (Olahauski Books, 2015).

A. W. Pink, *The Sovereignty of God* (I. C. Herendeen, 1991).

A. W. Tozer, *Delighting in God*, Cap. 12, Our Perception of God's mercy, Edición Kindle.

A. W. Tozer, *The knowledge of the Holy* (San Francisco: Harper & Row Publishers, 1961).

A. W. Tozer, *A Set of the Sail* (Christian Publications).

Brad Bigney, *Gospel Treason* (New Jersey: P&R Publishing Company, 2012).

Boston.com, http://archive.boston.com/news/science/articles/2005/09/05/how_much_ energy_does_the_sun_produce/

Carl Trueman, *El origen y el triunfo del ego moderno: Amnesia cultural, Individualismo expresivo y el camino a la revolución sexual* (Nashville, TN: B&H Español, 2022).

Charles Spurgeon, «A Proclamation from the King of kings», en *The Treasury of the Old Testament* (Londres: Marshall, Morgan and Scott, s.f.), 4:5.

C. S. Lewis, *Mere Christianity* (David Harrison, 2023), Edición Kindle.

D. A. Carson, *The Gospel according to John* (Grand Rapids, MI: W. B. Eerdmans, 1991).

Evangelio.blog, https://evangelio.blog/2011/06/22/qu-es-la-verdad/. Consultada el 26 de mayo, 2023.

*Erwin Lutzer, God's Devil*, versión Kindle (Chicago: Moody Publishers, 2015).

*George Swinnock, The Incomparableness of God* (pdf).

*Gerhard Kittel, Gerhard Friedrich y Geoffrey W. Bromiley, Compendio del diccionario teológico del Nuevo Testamento* (Grand Rapids, MI: Libros Desafío, 2002).

*Gordon J.* Wenham ,*The Book of Leviticus, NICOT* (Grand Rapids: Eerdmans; revised edition, 1979).

*Henry Blackaby, The ways of God* (Nashville: B&H Publishing Group,2023), Edición Kindle.

*Herman Bavinck, The Doctrine of God* (Grand Rapids: Eerdmans,1951).

*Herman Bavinck, Reformed Dogmatics, Volume Two: God and Creation*, trad. John Vriend (Grand Rapids, MI: Baker, 2004).

*Horatius Bonar, God's way of Holiness*, Edición para Kindle, Prefacio.

*James Montgomery Boice, The Epistles of John* (Grand Rapids: Baker Books, 1979).

*James Montgomery Boice, Psalms,Vol.3* (Grand Rapids: Baker Books, 1998).

*James Montgomery Boice,* Genesis, Vol. 2, *A New Beginning* (Grand Rapids: Baker Book House).

*J.D. Douglas y N Hillyer, Nuevo Diccionario Bíblico*, Primera edición, Ediciones Certeza, 1991, bajo la palabra «providencia».

*Jeff Benner, Ancient Hebrew Lexicon* (Virtualbookworm.com, 2005).

*Jerry Bridges, Transforming Grace* (NAV Press, 2008), versión Kindle.

*J. I. Packer, God's Word* (Christian Focus, 2001).

*J. I. Packer,* Knowing God (Downers Grove: InterVarsity Press).

*John Frame, The Doctrine of the Word of God* (Phillipsburg: P&R Publishing Company, 2010).

*John MacArthur, Our Awesome God* (Wheaton: Crossway), Edición Kindle.

*John MacArthur, God, the Savior of Men*, sermón, Junio 27, 1999: https:// www .gty.org/library/sermons-library/42-24/God-the-Savior-of-Men

*Juan Calvino, The Institutes of the Christian Religion*, Book 1, Chapter 1, «The Knowledge of God the Creator»; Edición Kindle.

*Jon Krakauer, Into Thin Air* (Hermannstal, Alemania: Anchor, 1999).

*John Stott Bible Studies, Letters of John* (Downers Grove: IVP), Edición Kindle.

*John Stott, The Message of Ephesians: God's New Society, The Bible Speaks Today* (Leicester: IVP, 1979).

Ken Hemphill, PhD, *The Names of God* (Tigerville, SC: Auxano Press, 2014), Edición para Kindle.

Laura Frase, *Americans Split on God, in the The Baylor Lariat*; Sept 12, 2006; https://www.baylor.edu/content/services/document.php?id=33825

L. Michael Morales, *Who Shall Ascend the Mountain of the Lord? NSBT* (Downers Grove: IVP, 2015).

Louis Berkhof, *Systematic Theology* (Grand Rapids: W.B.E. Publishing Company, 1996) Edición Kindle.

Norman Geisler, *God evidence for*, en *Baker Encyclopedia of Christian Apologetics* (Grand Rapids: Baker Books, 1999).

Norman Geisler, *Systematic Theology, Vol. 2* (Bethany House, 2003).

Paul David Tripp, *New Morning Mercies* (Wheaton: Crossway, 2014).

Ray Pritchard W., Ver: https://www.preceptaustin.org/the_providence_of_god.

Sam Storms, *10 cosas que deberías saber sobre la omnisciencia de Dios*, https://www.coalicionporelevangelio.org/articulo/10-cosas-que-deberias-saber-sobre-la-omnisciencia-de-dios/

Steve Brown, *If God is in Charge* (Grand Rapids: Raven Rodge Books, 1994).

Steven Charnock, *The Existence and Attributes of God, Updated and Unabridged* (Wheaton: Crossway, 2022), Edición Kindle, 2191.

James, Strong, *Strong's Concordance*, https://biblehub.com/greek.htm

Terry L. Johnson, *The Identity and Attributes of God* (Carlisle, PA: The Banner of Truth Trust, 2019).

Terry L. Johnson, *The Excellencies of God* (Grand Rapids: Reformation Heritage Books, 2022).

Terry L. Johnson, *The Excellencies of God* (Grand Rapids: Reformation Heritage Books, 2022).

Terry L. Johnson, *The Excellencies* (Grand Rapids: Reformation Heritage Books, 2022).

*The Hebrew Bible, Vol 1, a translation with Commentary by Robert Alter* (N.Y.: W.W. Norton & Company, 2019).

Timothy Keller, *Counterfeit Gods* (Nueva York: Penguin Group, 2009).

Vince Vitale, *Love the Truth*, en *Jesus Among Secular Gods* por Ravi Zacharias y Vince Vitale (Nueva York: Faith Words, 2017).

Warren W. Wiersbe, *Be Holy, Becoming Set Apart for God* (Colorado Springs: David Cook 1994), Edición Kindle.

*Wayne Grudem, Systematic Theology,* Edición Kindle.

*Wayne Grudem, Systematic Theology, second edition* (Grand Rapids: Zondervan, 2020).

*William Charnock, The Existence and Attributes of God,* edited by Mark Jones (Wheaton: Crossway, 2022).